Guttentag'sche Sammlung
Nr. 34. Deutscher Reichsgesetze. Nr. 34.
Text-Ausgaben mit Anmerkungen.

Das Reichsgesetz
betreffend die

Abzahlungsgeschäfte.

Vom 16. Mai 1894.

Mit Einleitung, Anmerkungen und Sachregister
von

J. Hoffmann,
Oberverwaltungsgerichtsrat.

Dritte vermehrte und verbesserte Auflage
besorgt von

Dr. Ernst Wilke,
Landgerichtsrat in Berlin.

Berlin 1910.
J. Guttentag, Verlagsbuchhandlung,
G. m. b. H.

Inhaltsverzeichnis.

Einleitung.

Das Wort „Abzahlungsgeschäft" kann in zweifacher Bedeutung gebraucht werden, wie das im Deutschen mit dem Wort „Geschäft" ja auch der Fall ist. Man spricht von den einzelnen Geschäften (Verträgen), die ein Kaufmann abschließt, und man nennt auch den gesamten Betrieb eines Kaufmanns sein Geschäft. Das Gesetz vom 16. Mai 1894, betreffend die Abzahlungsgeschäfte (RGBl. Nr. 23, S. 450—451) versteht überall unter dem Abzahlungsgeschäft einen Vertrag mit gewissen juristischen Merkmalen. Neben dieser vom Gesetzgeber sanktionierten Bedeutung des Wortes geht aber noch eine andere Bedeutung desselben einher. So definiert z. B. Dr. V. Mataja im Handwörterbuch der Staatswissenschaften von Conrad und Lexis, Bd. I, S. 14 Abzahlungsgeschäfte folgendermaßen: „Abzahlungsgeschäfte (Warenabzahlungs-, Teilzahlungs-, Ratengeschäfte) sind Handelsbetriebe, bei welchen Waren gegen allmähliche (wöchentliche, monatliche) Entrichtung des Kaufpreises in Raten — und dies regelmäßig, nicht bloß in Ausnahmefällen — abgegeben werden."

Diese zweite Bedeutung des Wortes ist neueren Datums; denn erst in den letztverflossenen Jahrzehnten sind in Deutschland Handelsbetriebe entstanden, welche es sich zur besonderen Aufgabe stellten, ihre Waren vermittels Abschlusses von „Abzahlungsgeschäften“ abzusetzen, und daher sich als „Abzahlungsgeschäfte“, „Abzahlungsbazare“, „Warenabzahlungsgeschäfte“, „Warenkredithäuser“ teils in ihren Annoncen, teils auch schon in ihrer Firma bezeichneten. Diese „Warenkredithäuser“ oder „Abzahlungsbazare“ sind es ohne Zweifel gewesen, welche in jüngster Zeit die Aufmerksamkeit weiterer Kreise auf die eigentümlichen Vertragsformen und Vertragsklauseln lenkten, die beim Abschluß von Abzahlungsgeschäften üblich geworden waren, und manche Beschwerden und Reformvorschläge, welche in der gegen die Abzahlungsgeschäfte gerichteten, seit der Mitte der achtziger Jahre ziemlich lebhaft betriebenen Agitation laut geworden sind, bezogen sich im Sinne der Agitatoren vielleicht lediglich auf die Warenkredithäuser, während sie von anderer Seite so aufgefaßt wurden, als bezögen sie sich auf die Abzahlungsgeschäfte in dem Sinne, in welchem das Gesetz vom 16. Mai 1894 von ihnen handelt. Wenn z. B. gefordert wurde, die Abzahlungsgeschäfte sollten einer besonderen Steuer unterworfen werden, so war es allerdings nicht leicht zu entscheiden, ob die Forderung auf die Besteuerung der Warenkredithäuser oder auf die Besteuerung aller

Verträge hinzielte, welche als Abzahlungsgeschäfte angesehen werden konnten, mochten sie abgeschlossen sein, von wem sie wollten. Wurde freilich gefordert, die Abzahlungsgeschäfte sollten unter strenge polizeiliche Kontrolle gestellt werden, so konnten damit vernünftigerweise nur die Warenkredithäuser gemeint sein, deren in die Augen fallende Tätigkeit eben die Aufmerksamkeit auf die Formen und Klauseln der Verträge gelenkt hatte, die von ihnen — aber keineswegs von ihnen allein, und auch von ihnen nicht ausschließlich — abgeschlossen wurden.

Beim Abschluß von Abzahlungskäufen war es nämlich Regel geworden, daß zwischen den Parteien verabredet wurde, es solle, sobald der Käufer seinen Vertragsverpflichtungen nicht nachkäme, z. B. mit einer Ratenzahlung im Rückstand bliebe, dem Verkäufer das Recht zustehen, nicht bloß die Ware, welche dem Käufer mit der ersten Teilzahlung (Anzahlung) übergeben wurde, wieder an sich zu nehmen, sondern auch den vom Käufer bereits gezahlten Teil des Kaufpreises für sich zu behalten. Es wurde also neben der sogenannten kassatorischen Klausel (lex commissoria) oder auch neben dem Vorbehalt des Eigentums (pactum reservati dominii) — beide Nebenabreden sicherten dem Verkäufer das Recht, die gekaufte Sache wieder an sich nehmen zu können sobald der Käufer seine Verpflichtungen nicht erfüllte — regelmäßig die sogenannte Verwirkungsklausel, der zufolge die vom Käufer geleisteten

Zahlungen zugunsten des Verkäufers verfielen, in den Kaufvertrag aufgenommen[1]. Dies war so sehr zur Regel geworden, daß man einen Abzahlungskauf ohne jene Nebenabreden, und insbesondere ohne Verwirkungsklausel kaum als ein Abzahlungsgeschäft gelten lassen wollte. „Die Eigentümlichkeit der Abzahlungsgeschäfte", so wurde gesagt, „besteht in der Vereinbarung, daß der bedungene Kaufpreis in einzelnen, zu bestimmt verabredeten Zeiten fälligen Teilzahlungen zu erlegen ist, bis zur Tilgung der ganzen Schuld das Eigentum der verkauften Sache dem Verkäufer verbleibt und bei Nichteinhaltung auch nur einer Ratenzahlung das bereits Geleistete zugunsten des Verkäufers verfällt." (Verordnung des Königlich Sächsischen Ministeriums des Innern vom 28. September 1887.) Wurde das Abzahlungsgeschäft nicht in der Form eines Kaufvertrages, sondern in der Form des sogenannten Möbelleihvertrages geschlossen, nämlich in der Form eines Mietsvertrages, bei dem verabredet wurde, die vermieteten Sachen sollten in das Eigentum des Mieters übergehen, sobald die sukzessive geleisteten Mietszahlungen zusammengerechnet eine bestimmte Summe ausmachten, so fehlte freilich die Verwirkungsklausel im Vertrage; es verstand sich aber, die Gültigkeit des sogenannten Möbelleihvertrages als Mietsvertrag einmal vorausgesetzt, von selbst,

[1] Vgl. die im Anhang II abgedruckten Formulare.

daß der Vermieter, der den Mietsvertrag auflöste, weil der Mieter mit der Mietszahlung im Rückstand blieb, die bis zur Auflösung des Vertrags gezahlten Mietsraten behalten durfte. Die Rechtsgültigkeit der den Abzahlungskäufen stets beigefügten Verwirkungsklausel konnte aber umsoweniger mit Erfolg angezweifelt werden, als bekanntlich sehr viele der berühmtesten Lehrer des römischen Rechts auf Grund der L. 5 u. 6 pr. D. de lege commissoria XVIII, 3 beim Rücktritt des Verkäufers von einem mit der kassatorischen Klausel geschlossenen Kaufvertrage, die Verwirkung der vom Käufer geleisteten Teilzahlungen auch ohne dahinzielende ausdrückliche Verabredung der Parteien angenommen haben, sofern der Rücktritt erfolgt, weil der Käufer die ihm obliegenden Zahlungen nicht rechtzeitig und vollständig leiste (quia nihil penes eum residere oporteret ex re, in quia fidem fefellisset).

Daß jedoch das natürliche Billigkeitsgefühl sich verletzt fühlte, wenn bei Auflösung eines mit der Verwirkungsklausel geschlossenen Kaufs auf Abzahlung oder bei der Auflösung eines Möbelleihvertrages der eine Teil die Ware samt den in der Hoffnung auf den Erwerb der Ware geleisteten Zahlungen verlor, kann um so weniger wundernehmen, wenn man die wirtschaftliche Lage erwägt, in der sich gemeinhin diejenigen zu befinden pflegen, welche auf den Erwerb von Waren gegen Abzahlung angewiesen sind. — Der besser situierte Teil des

Publikums sucht nicht die Warenkredithäuser auf, da er die Vorteile des Baarkaufs zu schätzen weiß und imstande ist, diese Vorteile für sich auszunutzen. Die Unbemittelten sind es, welche sich zum Kauf notwendiger Gegenstände gegen Abzahlung verstehen müssen, und Unbemittelte können sehr leicht ohne eigene Schuld in Lagen kommen, wo sie selbst beim besten Willen nicht imstande sind, ihre Verpflichtungen zu erfüllen. Wenn eine arme Näherin in die Lage kam, die auf Abzahlung gekaufte Nähmaschine, vielleicht das einzige Mittel zu ihrem weiteren, ehrlichen Fortkommen, herausgeben zu müssen, weil sie zur Zahlung einer Rate an dem dazu bestimmten Termin infolge von Krankheit oder infolge sonstiger unverschuldeter Not unfähig war, und nun das in der Hoffnung auf den Erwerb der Maschine bezahlte Geld umsonst ausgegeben hatte; — wenn solche und ähnliche Fälle nicht vereinzelt dastanden; — wenn ferner nicht geleugnet werden konnte, daß die Gepflogenheit vieler Abzahlungshändler, eine größere Anzahl von Waren in einem Vertrage zu verkaufen, sich aber das Eigentum an sämtlichen verkauften Waren bis zur Zahlung der letzten Rate des Gesamtkaufpreises zu bedingen, oft dahin führte, daß der Käufer Waren wieder herausgeben mußte, die er in Wahrheit längst bezahlt hatte; wenn endlich behauptet werden konnte[1], daß einzelne Warenkredithäuser den Anzahlungspreis so hoch stellten, daß schon durch die Anzahlung der Selbstkostenpreis der Ware gedeckt war, und alle späteren Zahlungen für sie einen reinen Profit darstellen, so mußten solche Vorkommnisse den Wunsch nach gesetzgeberischem Einschreiten zugunsten der Abzahlungskäufer hervorrufen. Daß dieser Wunsch aber ganz besonders in den Kreisen der soliden kaufmännischen Welt lebendig ward, wird leicht begreiflich, wenn man erwägt, daß die immer lauter werdenden Klagen über die sich mehr und mehr, namentlich in den größeren Städten verbreitenden Abzahlungsbazare den guten Ruf und das Ansehen des deutschen Kaufmannstandes überhaupt zu beeinträchtigen drohten, und wenn man ferner in Betracht zieht, daß den Bestrebungen, welche in unseren kaufmännischen Kreisen auf möglichste Beschränkung des Kreditgebens schon seit längerer Zeit lebendig waren, von den Abzahlungsbazaren geradezu entgegengearbeitet wurde. Endlich aber sahen viele kleinere Geschäftsleute in den Abzahlungsbazaren, wo die verschiedenartigsten Gegenstände, Möbel, Kleider, Stiefel, Betten, Schirme,

---

[1] Jahresbericht der Handelskammer zu Mannheim 1887, S. 122, in dem eine bezügliche Behauptung der Zeitschrift „Der Konfektionär" mitgeteilt wird.

Manufakturwaren, Haushaltungsgegenstände, Werkzeuge, kurzum alle möglichen Waren zum Kauf angeboten wurden, eine ihre Kundschaft vermindernde Konkurrenz. So kam es, daß gerade aus kaufmännischen Kreisen heraus der erste wirksame Anstoß zu der Agitation kam, die zu dem Erlaß des Gesetzes vom 16. Mai 1894 führen sollte.

Der Verein gegen Unwesen im Handel und Gewerbe zu Köln a. Rh. richtete im Jahre 1886 an die dortige Handelskammer das Ersuchen, seine gegen die Abzahlungsgeschäfte gerichteten Bestrebungen, insbesondere eine hierauf bezügliche Petition zu unterstützen, mit der er sich an den Reichstag wenden wollte. In der Petition, die am 30. November 1886 abging, beantragte der Verein, daß die in Warenabzahlungsgeschäften geschlossenen Verträge für ungültig erklärt werden möchten. Die Kölner Handelskammer kam den Wünschen des Vereins weit entgegen; sie brachte die Frage der Abzahlungsgeschäfte nicht bloß bei den anderen deutschen Handelskammern in Anregung, sondern sie wurde auch bei dem Kgl. Preuß. Ministerium für Handel und Gewerbe hierüber vorstellig. Die Jahresberichte der deutschen Handelskammern haben sich denn auch vom Jahre 1886 an, teils der Anregung der Kölner Handelskammer Folge gebend, teils infolge späterer behördlicher Anfragen, mehrfach in eingehendster Weise über die Abzahlungsgeschäfte ausgesprochen. Jedoch verhielten sich viele

Handelskammern nicht bloß gegen den von der Kölner Handelskammer befürworteten Vorschlag, den Eigentumsvorbehalt für nichtig zu erklären, sondern überhaupt gegen jeden gesetzgeberischen Eingriff in die Vertragsfreiheit der Parteien bei dem Abschluß der Abzahlungsgeschäfte ablehnend. Es waren dies die Handelskammern: Baden-Baden (1886), Bielefeld, Duisburg, Halle, Heilbronn, Hildesheim, Karlsruhe, Kiel, Leipzig, Posen, Trier, Wiesbaden, Zittau[1], sowie die Ältesten der Kaufmannschaft von Berlin. Aus dem Schreiben, welches die Ältesten der Kaufmannschaft von Berlin an die Kölner Handelskammer auf jene Anregung hin am 24. Februar 1887 richtete, sei hier folgendes mitgeteilt, da es jenen ablehnenden Standpunkt scharf zum Ausdruck bringt.

„Ebensowenig vermögen wir uns dem Antrage anzuschließen, es möge mit Rücksicht auf die sogenannten Abzahlungsgeschäfte der Vorbehalt des Eigentums an der verkauften Sache verboten und eine entgegenstehende Stipulation für nichtig erklärt werden.

Diesen Antrag halten wir schon aus formalen Gründen für unausführbar. Der vertragliche Vorbehalt des Eigentums an der verkauften und übergebenen Sache kommt nicht bloß bei sogenannten Abzahlungsgeschäften vor, sondern ist eine uralte

---

[1] Zittau hielt die Verwirkungsklausel contra bonos mores und aus diesem Grunde schon nach dem bestehenden Recht für ungültig.

Form des gesamten Rechtslebens und wirkt überall als auflösende Bedingung. Da „Abzahlungsgeschäfte“ ein rechtlich unabgrenzbarer Begriff sind, so würde dem Gesetzgeber, welcher Ihren Paragraphen zu einem Gesetzesparagraphen formulieren sollte, eine unerfüllbare Aufgabe zugemutet.

Gemeint ist aber mit Ihrem Antrage ersichtlich nicht das Verbot des Eigentumsvorbehalts, sondern nur das Verbot der Abrede, daß für den Fall des Eintritts der auflösenden Bedingung die früher geleisteten Anzahlungen Eigentum des Verkäufers bleiben.

Ein solches Verbot müßte sehr kunstvoll redigiert sein, wenn es einesteils alle Fälle, auf die es abzielt, treffen, und andererseits die Gefahr vermeiden soll, daß der Art. 284 des HGB., lautend:

> „Die Konventionalstrafe unterliegt keiner Beschränkung in Ansehung des Betrages“.

durch das gewünschte neue Gesetz in weit größerem Umfange alteriert werden kann, als Sie selbst beabsichtigten. Die Schwierigkeit, den Begriff der „Abzahlungsgeschäfte“ gesetzlich brauchbar zu definieren, würde auch dieser Formulierung im Wege stehen. Würde beispielsweise nicht eine Definition gefunden, welche den mit der Klausel eines späteren Eigentumsübergangs geschlossenen Mietsvertrag dem Abzahlungsgeschäft gleichstellt, so wäre der Umgehung des gewünschten Gesetzes Tür und Tor geöffnet, und erließe man das Verbot absolut und ohne

Begrenzung der Konventionalstrafe auf eine mäßige Höhe, so entzöge man vielleicht den gemeinnützigen Gesellschaften, welche sich bestreben, den Arbeitern auf dem Wege der Abzahlung den Erwerb eines eigenen Hauses zu erleichtern, eines der wichtigsten Mittel zur Förderung ihrer Ziele.

Die Hast, mit welcher man in der Jetztzeit so häufig das Einschreiten der Gesetzgebung fordert, um einem Spezialbedürfnisse, welches man erkannt zu haben glaubt, Abhilfe zu verschaffen, verleitet nur zu oft dazu, den Zusammenhang der wirtschaftlichen Bedürfnisse und der Rechtsnormen unter sich zu übersehen, und schon darum stehen wir jedem Wunsche nach einer Gesetzung ad hoc mit Mißtrauen gegenüber.

Im vorliegenden Falle glauben wir aber auch gar nicht an das Vorhandensein des behaupteten wirtschaftlichen Bedürfnisses.

Das mit Konventionalstrafe verbundene Geschäft des Eigentumerwerbes durch Partialzahlungen ist an und für sich ein wirtschaftlich durchaus gesundes. Schon der Umstand, daß es Zwang zur Barzahlung, wenn auch zur allmählichen, gegen den Käufer übt, also von der Bahn des Borggeschäftes allmählich ablenkt, gibt ihm Anspruch auf diese Bezeichnung. Daß es, wie jede rechtliche Institution, gemißbraucht werden kann, berechtigt nicht dazu, es im allgemeinen als schädlich zu verurteilen. Gegen derartige Ausschreitungen wird in den meisten Fällen schon die bestehende Gesetzgebung Schutz gewähren. Der Wunsch, die wirtschaftlich Schwachen vor Übervorteilung zu bewahren, darf nicht dahin führen, daß das Gesetz sie glauben macht, es könnte sie gegen jede Benachteiligung schützen. Solche Bestrebungen sind vielmehr geeignet, die Wachsamkeit der im Gesetze Bevormundeten einzuschläfern, und sie dem gewissenlosen Betrüger in die Hände zu liefern, während der bessere Schutz, den sie sich durch Anwendung eigener Vorsicht und Sorgsamkeit schaffen können, unangewendet bleibt."

Die überwiegende Mehrzahl der Handelskammern hielt jedoch gegen die bei den Abzahlungsgeschäften eingerissenen Mißstände ein Einschreiten des Gesetzgebers für geboten. Die Kammer in Stuttgart schlug eine Besteuerung der Abzahlungsgeschäfte (Warenkredithäuser) vor; die Jahresberichte der Kammern in Chemnitz, Dresden, Hannover, Harburg, Limburg und Solingen befürworteten die Stellung der Abzahlungsbazare unter obrigkeitliche Kontrolle nach Analogie der Pfandleihgeschäfte (§§ 34, 35, 38 der Gewerbeordnung); dem Antrage der Kölner Handelskammer (Verbot des Eigentumsvorbehalts) schlossen sich an: Arnsberg, Augsburg, Bochum, Düsseldorf, Flensburg, Minden, Mühlheim a. Rh., Osnabrück; den im Gesetz vom 16. Mai 1894 gewählten Weg, die Verwirkungsklausel zu verbieten, empfahlen aber: Frankfurt a. M., Göttingen, Halberstadt, Heidelberg, Offenbach, Pforzheim und

Worms. Der Jahresbericht der Handels- und Gewerbekammer zu Plauen (1887) endlich gab zu erwägen, ob „nicht die Frage der Zulässigkeit des Abzahlungsgeschäfts in dessen bisherigem Sinn 1. durch eine Berücksichtigung des Mehrwerts des verfallenen Kaufgegenstandes über den Betrag der noch rückständigen Abschlagszahlungen zugunsten des Käufers und 2. durch die Beschränkung des Abzahlungsgeschäfts auf solche Gegenstände, welche dem Käufer als Hilfsmittel in seinem Berufe dienen sollen, gesetzlich geregelt werden könne."

Aus kaufmännischen Kreisen war denn auch die überwiegende Mehrzahl der an den Reichstag gerichteten Eingaben hervorgegangen, welche in der Sitzung der Kommission für Petitionen am 12. Mai 1887 zur Beratung standen. (Drucksachen des Reichstags 1887. I Nr. 154.) Die Handelskammern der Provinz Hannover (Goslar, Göttingen, Hannover, Harburg, Hildesheim, Lüneburg, Osnabrück und Verden) hatten die Stellung der Abzahlungsgeschäfte unter obrigkeitliche Kontrolle, die Handelskammern zu Flensburg, Gera, Heidelberg, Iserlohn, Ludwigshafen, Offenbach a. M., Ravensburg, die Vereine gegen Unwesen in Handel und Gewerbe zu Köln a. Rh. und zu Dresden, der Dresdener Allgemeine Handwerker-Verein, endlich eine Petition von J. Hochstetter und Gen. zu Mannheim (mit 861 Unterschriften) hatten die Ungültigkeit der Kontrakte, welche von den Abzahlungshändlern geschlossen würden, beantragt, während der Kaufmann L. Löwenstein (Altona) und der Kaufmann S. Sachs (Berlin) zu gunsten der Abzahlungsgeschäfte petitioniert hatten. Die Kommission befürwortete mit zwölf gegen zehn Stimmen, der Reichstag wolle beschließen, die gegen die Abzahlungsgeschäfte gerichteten Petitionen dem Herrn Reichskanzler zur Erwägung zu überweisen und zu empfehlen. Zu einer Verhandlung im Plenum des Reichstags gelangten jedoch weder diese, noch die das Abzahlungsgeschäft betreffenden Eingaben, welche in der Sitzung der Petitionskommission vom 18. Januar 1889 beraten wurden [1], und bei deren Beratung der in Vertretung der verbündeten Regierungen anwesende Regierungsassessor Dr. Wilhelmi die Erklärung abgab, daß die Frage der gesetzlichen Regelung der Abzahlungsgeschäfte zurzeit der Erwägung unterliege und demnächst den Gegenstand kommissarischer Beratungen unter den beteiligten Reichsämtern bilden werde, woraufhin die Kommission die Überweisung der auf die Abzahlungsgeschäfte sich beziehenden Petitionen an den Herrn

[1] Es waren dies die Petitionen der Handelskammer für Osnabrück und des Vorstandes des Vereins zur Wahrung gewerblicher Interessen für Aachen und Burtscheid (in letzterer Petition hieß es, daß die Warenkredithäuser wohl am treffendsten als Warenwucherhäuser zu bezeichnen wären) und eine sich für die Berechtigung der Abzahlungsgeschäfte aussprechende abermalige Petition des Kaufmanns L. Löwenstein zu Altona. (Drucksachen des Reichstags 1888/89 Nr. 122.)

Reichskanzler als Material für deren demnächstige gesetzliche Regelung zu empfehlen beschloß. Die in Aussicht gestellte Initiative der verbündeten Regierungen brachte aber in die nun einmal in Fluß gekommene Bewegung gegen die Abzahlungsgeschäfte keinen Stillstand. Der Petitionskommission des Reichstags lagen in ihrer Sitzung vom 27. Februar 1891 nicht weniger als 972 Petitionen von Handelskammern, kaufmännischen Vereinen, Gewerbetreibenden, Handwerkervereinen, Innungen und Innungsverbänden vor, welche, wie es in dem Kommissionsbericht heißt, „alle mit mehr oder weniger lebhaften Farben die Schäden und Nachteile schildern, die durch den Hausierhandel, die Detailreisenden und die Abzahlungsgeschäfte, sowie andere ähnliche Auswüchse des gewerblichen Lebens dem gewerblichen Mittelstand und dem Handwerkerstand, sowie der verbrauchenden Bevölkerung im allgemeinen zugefügt würden.“ Typisch für alle diese Schriftstücke erachtete die Kommission die Petitionen des deutschsozialen Vereins für das Königreich Sachsen und des deutschen Reformvereins zu Leipzig, sowie die ihnen gleichlautende Petition des Technikers Theodor Fritsch zu Leipzig, welche 5540 Unterschriften gefunden hatte. Dort war gesagt:

„Die Abzahlungsgeschäfte sind ebenfalls darauf berechnet, durch eine scheinbar bequeme Bezahlungsform zu leichtsinnigen Einkäufen zu verführen. Der bestehende Zahlungsmodus läßt den Käufer meist ganz übersehen, daß er doch eigentlich sehr hohe Preise für Waren von zweifelhafter Güte zahlt. Die dabei üblichen Kauf- und Mietverträge bringen den Käufer oft in die Gefahr, sein Geld loszuwerden, ohne schließlich etwas dafür zu besitzen. Ein furchtbares Wachstum der gerichtlichen Klagen und Auspfändungen bildet die hauptsächlichste Frucht dieser Geschäfte. Auch hier zeigt sich eine kecke Plünderung des Publikums und eine Schädigung der soliden Geschäftsleute durch Entziehung der Kundschaft."

Zur Abhilfe wurde vorgeschlagen:

„Die Abzahlungsgeschäfte sind unter strenge Kontrolle zu stellen. Die bisherige Form der Mietsverträge, wobei der Verkäufer das Recht hat, die Waren bei Ausfall einer Ratenzahlung zurückzufordern, ohne Rückgabe der angezahlten Beträge, ist für unstatthaft zu erklären. Eine gelieferte Ware der Abzahlungsgeschäfte ist in streitigen Fällen von einem Fachausschusse auf ihren wirklichen Wert abzuschätzen und eine ungerechtfertigte Überteuerung des Käufers unter den Begriff des Wuchers zu stellen."

Auch der über diese 972 Petitionen erstattete schriftliche Bericht vom 11. März 1891 (Drucksachen 1890/91 Nr. 351) gelangte nicht zur Plenarberatung.

Am 10. September 1891 verhandelte dann der XXI. Deutsche Juristentag über die Frage der Abzahlungsgeschäfte. Das dem Juristentage vom Justizrat R. Wilke (Berlin) erstattete Gutachten empfahl insbesondere Beschränkung der Abzahlungsgeschäfte auf Gegenstände des gewerblichen und wirtschaftlichen Bedarfs. Einem zweiten von Dr. Heck (Berlin) erstatteten Gutachten war ein vollständig ausgearbeiteter Gesetzentwurf, die Abzahlungsgeschäfte betreffend, beigefügt, aus dessen allgemeinen Bestimmungen hier hervorgehoben sein mag, daß Dr. Heck Abzahlungsgeschäfte künftig nur dann nach dem Handelsgesetzbuch beurteilt wissen wollte, wenn das Geschäft auf seiten des Erwerbers der Ware als Handelsgeschäft zu gelten hätte. Auf dem XXI. Deutschen Juristentage kam es freilich zu keinem Beschluß; wohl aber hatten die dort geführten Diskussionen im Verein mit den erstatteten Gutachten und verschiedenen anderen, mittlerweile erschienenen fachwissenschaftlichen Werken (vgl. die Literaturübersicht) die einschlägigen Fragen soweit geklärt, daß sie spruchreif erscheinen konnten. Die von den verbündeten Regierungen angeordneten amtlichen Erhebungen ließen auch einen Aufschub der Entscheidung, etwa bis zur Vollendung des in Aussicht genommenen Deutschen Bürgerlichen Gesetzbuchs nicht ratsam erscheinen. Schon in der Reichstagssitzung vom 17. November 1891 konnte daher der Staatssekretär des Reichsjustizamts, W. G. R. Dr. Bosse auf eine Anfrage des Abg. Böckel mitteilen, daß von der Reichsjustizverwaltung eine Vorlage, die Abzahlungsgeschäfte betreffend, ausgearbeitet worden sei, über welche Beratungen der dabei interessierten Ressorts in den nächsten Tagen beginnen würden, und am 23. Dezember 1892 legte der Reichskanzler einen vom Bundesrat beschlossenen

Entwurf eines Gesetzes, betreffend die Abzahlungsgeschäfte,

dem Reichstage zur verfassungsmäßigen Beschlußnahme vor. (Drucksachen 1892/3 II Nr. 69.) Dieser Entwurf sah nun von jedem Versuche, das Abzahlungsgeschäft für gewisse Kategorien von Waren, z. B. Luxuswaren, zu verbieten oder dasselbe unter obrigkeitliche Kontrolle zu stellen oder einer besonderen Steuer zu unterwerfen, gänzlich ab und beschränkte sich auf das Gebiet des bürgerlichen Rechts. In den dem Gesetzentwurf beigegebenen Motiven wurde dieser Standpunkt, wie folgt, gerechtfertigt:

„Ist ... davon auszugehen, daß das Abzahlungsgeschäft nach Lage der heutigen Verhältnisse unentbehrlich ist, so läßt sich durch das Gesetz diese Geschäftsform weder völlig untersagen, noch den Gegenständen nach beschränken. Denn es wird kaum eine Gattung von Gegenständen geben, deren Anschaffung nicht je nach den Umständen einem wahren Bedürfnis entsprechen kann. Eine Untersagung des Abzahlungsgeschäfts für Sachen, die im einzelnen Falle nur dem Luxus des Erwerbes dienen, wäre zwar grundsätzlich zu rechtfertigen; allein eine Vorschrift dieser Art wäre nicht durchzuführen, ohne die Sicherheit des Geschäftsverkehrs zu schädigen. Ebensowenig empfiehlt sich der Vorschlag, die Abzahlungsgeschäfte einer besonderen Steuer zu unterwerfen, da diese Maßregel einerseits den beabsichtigten Erfolg kaum haben, andererseits auf eine Beeinträchtigung auch des berechtigten Abzahlungshandels hinauslaufen würde. Nicht minder erweisen sich Maßregeln auf gewerbepolizeilichem Gebiet als undurchführbar. Mehrseitig ist befürwortet worden, den Betrieb von Abzahlungsgeschäften wie den der Pfandleiher von einer Erlaubnis der Behörde abhängig zu machen und ihn der obrigkeitlichen Regelung und Kontrolle zu unterwerfen (§§ 35, 38 der Gewerbeordnung) oder doch die Untersagung des Gewerbebetriebes für den Fall erwiesener Unzuverlässigkeit (§ 35 daselbst) zuzulassen. Abgesehen davon, daß derartige Beschränkungen den reellen Abzahlungshandel schwer schädigen und gerade die solideren Geschäftsleute von diesem zurückschrecken müßten, ist zu beachten, daß das Abzahlungsgeschäft nicht, wie die Geschäftszweige, die von den angeführten Vorschriften betroffen werden, eine sich äußerlich kennzeichnende, besondere Art von Gewerbebetrieb, sondern nur eine Form des Geschäftsabschlusses darstellt, die in den verschiedensten Arten von Gewerbebetrieben Anwendung finden kann. Infolge davon wäre eine wirksame Aufsicht der Behörde über das Verhalten der Abzahlungshändler und über die Befolgung der erlassenen Anordnungen nicht zu ermöglichen. Besondere Vorschriften, welche die Polizeibehörden über den Geschäftsbetrieb, namentlich über die Vertragsbedingungen bei den Abzahlungsgeschäften zu treffen hätten, würden sich überdies auf Nebenpunkte beschränken müssen, um die Freiheit des Verkehrs nicht in nachteiliger Weise einzuengen. An der Schwierigkeit der tatsächlichen Durchführung scheitern auch die Vorschläge, für den Abzahlungsverkehr den Gewerbebetrieb im Umherziehen und das Aufsuchen von Bestellungen von Ort zu Ort und von Haus zu Haus zu untersagen oder auf Bedarfsgegenstände zu beschränken oder die Vorbedingungen einer derartigen Ausübung des Gewerbebetriebs (§§ 44a, 55, 56ff. der Gewerbeordnung) zu erschweren[1]. Zudem würden derartige Maßregeln, insofern sie sich auch gegen den reellen und notwendigen Abzahlungshandel richteten, die berechtigten

[1] Die in dieser Beziehung gemachten Vorschläge knüpften an die österreichische Regierungsvorlage zur X. Session des Abgeordnetenhauses 1890 an, welche folgenden § 5 enthielt:

Hausierern ist der Abschluß von Veräußerungsgeschäften gegen Ratenzahlung, sowie die Einladung zum Abschlusse solcher Geschäfte untersagt. Bei dem Aufsuchen von Bestellungen von Ort zu Ort oder von Haus zu Haus darf die Einladung zum Abschluß solcher Geschäfte, sowie der Abschluß derselben nur in Gegenständen stattfinden, welche zum Geschäftsbetriebe oder überhaupt dem wirtschaftlichen Bedarf des Erwerbers der Sache dienen.

Interessen der Industrie schädigen und den Bedürfnissen des Publikums auf dem platten Lande widersprechen."

Das Zutreffende dieser Gründe wird man schwerlich verkennen können, jedenfalls stellte sich nicht bloß die IX. Kommission, welcher der Entwurf vom 23. Dezember 1892 zur Vorberatung überwiesen wurde, abgesehen davon, daß sie beschloß, den Abzahlungshandel mit gewissen Papieren (Lotterielose usw.) unter Strafe zu stellen (§ 7 des Gesetzes vom 16. Mai 1894) ganz auf den von dem Entwurf eingenommenen zivilrechtlichen Standpunkt, sondern, um dies hier vorwegzunehmen, auch der Reichstag selbst lehnte später den Antrag Gröber (Nr. 288 der Drucksachen 1893/4) ab, welcher in das Gesetz als § 7a folgende Bestimmung einschalten wollte:

„Wer gewerbsmäßig im Umherziehen oder im stehenden Gewerbebetrieb von Ort zu Ort, beziehungsweise von Haus zu Haus, Bestellungen auf Waren, welche gegen Teilzahlungen verkauft oder durch sonstige, auf die gleichen Zwecke abzielende Verträge veräußert werden sollen, bei Personen aufsucht, in deren Geschäftsbetrieb Waren der angebotenen Art keine Verwendung finden, oder an solche Personen Waren in dieser Weise feilbietet oder veräußert (§§ 1, 6), wird, sofern nicht die Bestimmung des § 7 Anwendung findet, mit Geldstrafe bis zu einhundertfünfzig Mark bestraft."

Der Entwurf vom 23. Dezember 1892 beschränkte sich aber nicht allein auf eine rein zivilrechtliche Neuregelung der Abzahlungsgeschäfte, sondern er befleißigte sich auch in deren zivilrechtlicher Neuregelung der größtmöglichsten Zurückhaltung. Zur Erreichung des dem Gesetzgeber vorschwebenden Ziels tunlichster Wiederherstellung des Zustandes vor dem Vertrag erschien es genügend, lediglich bestimmten, bei Abzahlungsgeschäften über Mobilien getroffenen Abreden, die Wirksamkeit zu versagen. Die Motive rechtfertigen diese Zurückhaltung weitergehenden Vorschlägen gegenüber folgendermaßen:

„Die Klagen hinsichtlich der zivilrechtlichen Gestaltung der Abzahlungsgeschäfte richten sich auf zwei Punkte: man verneint die Angemessenheit der Anwendung gewisser gesetzlicher Normen auf diese Geschäfte und bekämpft die Zulässigkeit der üblichen, für den Schuldner drückenden Abreden. In ersterer Hinsicht wird die Ausschließung des Handelsrechts befürwortet, weil es leicht zur Verwirkung der Ansprüche wegen mangelhafter Beschaffenheit der Sache führe, einen Rechtsbehelf wegen Übermaßes des Preises nicht gewähre, der Vertragsstrafe keine Schranke setze; gegenüber der Formfreiheit der Verträge nach Handelsrecht wird das Erfordernis des schriftlichen Vertragsabschlusses empfohlen. Allein auf der einen Seite würde die Anwendung des allgemeinen bürgerlichen Rechts an Stelle des Handelsgesetzbuchs den angeblichen Übelständen nicht in fühlbarem Maße abhelfen, sondern nur böswilligen Schuldnern bequeme Handhaben für Chikane und Prozeßverschleppung bieten. Auf der anderen Seite gewährt gerade das Handelsrecht in weiterem Umfange die Möglichkeit, die wahre Willensmeinung der Kontrahenten und namentlich mündliche Nebenabreden zu dem schriftlichen Vertrage zu berücksichtigen. Aus letzterem Grunde erscheint es auch nicht angezeigt, die schriftliche Form, die im Abzahlungsverkehr ohnehin allgemein üblich ist, zur Bedingung für die Gültigkeit des Vertrags zu machen. Wenn ferner mit Rücksicht auf das Treiben der Agenten und Provisionsreisenden die allgemeinen Grundsätze über Bevollmächtigung für ungeeignet erklärt worden sind, so ist nicht abzusehen, wie hier auf dem Gebiete des Zivilrechts Wandel geschaffen werden könnte. Insbesondere würde eine gesetzliche Feststellung der Vollmacht jener Mittelspersonen an der Vielgestaltigkeit der Verhältnisse scheitern und mit den Bedürfnissen des Lebens nicht im Einklange stehen. Ein durchgreifendes Mittel gegen Übervorteilung oder Übereilung könnte man in dem Vorschlag erblicken, daß dem Käufer der freie Rücktritt vom Vertrage gegen Zahlung eines Reugeldes gewährt werden solle. Diese Maßregel würde jedoch, während sie den Handel mit fast wertloser Ware kaum hemmen würde, das solide Abzahlungsgeschäft zum Nachteil des Publikums mit schweren Unkosten belasten, überdies die Leichtfertigkeit bei Eingehung der Verträge wesentlich steigern. Ein wirksamer Schutz würde dem Abzahlungskäufer auch nicht durch eine Vorschrift gewährt werden, welche eine Klausel in dem schriftlichen Vertrage für ungültig erklärte, wonach mündlichen Nebenabreden keine Bedeutung zukommen solle; denn die Schwierigkeit, den in Wahrheit verabredeten Vertragsinhalt gegenüber der schriftlichen Urkunde zur Geltung zu bringen, beruht im wesentlichen nicht auf Sätzen des materiellen Rechts, sondern in der dem Abzahlungskäufer obliegenden Beweislast. Die Tatsache, daß Abzahlungshändler ihre Überlegenheit häufig zur Aufnahme drückender Abreden in den Vertrag benutzen, hat weiterhin den Vorschlag veranlaßt, daß nur einige wenige Vereinbarungen zuungunsten des Käufers im Gesetz als zulässig bezeichnet, alle anderen dagegen verboten werden sollten. Diese Regelung würde jedoch einerseits für die Ausbeutung immer noch einen weiten Spielraum übrig lassen, andererseits die Berücksichtung der besonderen Verhältnisse ausschließen, die im Einzelfalle die verschiedenartigsten Vereinbarungen nötig machen können.

Das Gesetz muß sich deshalb darauf beschränken, bestimmten Abreden die Wirksamkeit zu versagen.

Dahin gehören die **Verwirkungsklausel**, die Vereinbarung über die **vom Käufer im Falle der Zurücknahme zu leistende Vergütung**, die Festsetzung einer **übermäßigen Vertragsstrafe**, sowie die Vereinbarung der **sofortigen Fälligkeit der Restschuld im Falle des Verzugs**. Weiter zu gehen erscheint nicht geboten. Der vertragsmäßige Verzicht auf die Ansprüche aus Gewährsmängeln ist im Falle des Betrugs ohnehin wirkungslos; im übrigen dient er zur Abschneidung leichtfertiger Prozesse. Die Vereinbarung, daß der Gläubiger bei Auflösung des Vertrags eigenmächtig die Sachen aus den Räumen des Schuldners solle abholen dürfen, kann unter Umständen gerechtfertigt sein, schützt übrigens im Falle des Mißbrauchs nicht gegen die Strafe des Hausfriedensbruchs. Die vertragsmäßige Unterwerfung unter den allgemeinen Gerichtsstand des Verkäufers hat in Deutschland zu besonderen Beschwerden keinen Anlaß gegeben"[1].

In Ausführung dieser Grundsätze stellte nun der Entwurf in fünf Paragraphen die zivilrechtlichen Regeln fest, nach denen künftig gewisse Abreden der Parteien bei den Abzahlungsgeschäften beurteilt werden sollten und bestimmte im § 6, daß diese Regel **keine Anwendung finden dürfte**,

---

[1] Anders in Österreich (vgl. W. Hausmann, Die Veräußerung beweglicher Sachen gegen Ratenzahlung, Berlin 1891 S. 90).

wenn der Empfänger der Sache als Kaufmann in das Handelsregister eingetragen sei. Im § 7, dem Schlußparagraphen des Entwurfs, der dem § 9 des Gesetzes vom 16. Mai 1894 entspricht, war bestimmt, daß das Gesetz keine rückwirkende Kraft haben solle. Der Wortlaut des Entwurfs findet sich im Anhang I unter Gegenüberstellung der Fassung, welche die IX. Kommission[1] dem Entwurf gab, abgedruckt. Ihr war, wie gesagt, der Entwurf vom Reichstag nach Abschluß der ersten Beratung am 21. Januar 1893 (Sten. Ber. 1892/93 S. 613—630) zur Berichterstattung überwiesen worden. Sie erledigte sich ihrer Aufgabe in neun Sitzungen und nahm in der Schlußabstimmung den Entwurf mit acht gegen

[1] Der IX. Kommission gehörten an: Ackermann, Vorsitzender, Dr. Mehnert, Berichterstatter, Auer, Bock (Minden), Braun, Dietz, Graf zu Dohna-Schlobitten, Freiherr v. Frankenstein, v. Hollmann, Kraemer, Metzner (Neustadt), Dr. Osann, Dr. Pachnicke, Dr. Rzepnikowski, Dr. Schaedler, Schenk, Dr. Schneider (Nordhausen), Spahn, Troeltsch, Wenzel, Wöllmer. In Vertretung der verbündeten Regierungen wohnten den Sitzungen bei:
Der Staatssekretär des Reichsjustizamts, Wirklicher Geheimer Rat Hanauer,
der Bevollmächtigte zum Bundesrat, Oberregierungsrat Landmann,
der Bevollmächtigte zum Bundesrat, Königlich bayrische Ministerialrat v. Heller,
der Geheime Oberregierungsrat Dr. Struckmann,
der Geheime Oberregierungsrat Dr. Dungs,
der Kaiserliche Oberregierungsrat v. Sydow,
der Kaiserliche Regierungsrat Jaup.

drei Stimmen an, nachdem sie den sieben Paragraphen des Entwurfs zwei Paragraphen hinzugefügt hatte; erstlich den heutigen § 3, wonach die aus den §§ 1 und 2 des Gesetzes sich ergebenden gegenseitigen Verpflichtungen der Parteien Zug um Zug zu erfüllen sind, sodann den heutigen § 7, wonach der Verkauf gewisser Papiere gegen Teilzahlungen in der Person des Verkäufers bestraft wird. Auch änderte sie die im § 1 des Entwurfs vorgesehene Berechtigung des Käufers, die Zurückgewährung der von ihm geleisteten Teilzahlungen gegen Rückgabe der empfangenen Sache zu fordern, in eine Verpflichtung beider Parteien um, sich gegenseitig die empfangenen Leistungen zurückzugewähren. Die übrigen Änderungen waren, wie aus der Zusammenstellung im Anhang I ersichtlich, redaktioneller Art.

Der von der IX. Kommission durchberatene Entwurf vom 23. Dezember 1892 kam jedoch in der II. Session 1892/93 nicht zur Verabschiedung; der Reichstag war am 29. April 1893 (Sten. Ber. 1892/93 S. 2082—2096) in der zweiten Lesung noch nicht über die Beratung des § 1 hinausgekommen, als die Session durch Auflösung des Reichstags am 6. Mai 1893 ihr Ende fand. Die geleistete Arbeit war aber nicht umsonst gewesen; denn der in der II. Session 1893/94 (9. Legislaturperiode) unter dem Datum des 13. Dezember 1893 vorgelegte neue Entwurf schloß sich, von ganz geringfügigen redaktionellen Änderungen abgesehen, vollständig an die Fassung an, die dem ersten Entwurf von der IX. Kommission gegeben worden war. Von einer nochmaligen Kommissionsberatung konnte daher der Reichstag, der in der Sitzung vom 25. Januar 1894 die erste Beratung des neuen Entwurfs erledigte, Abstand nehmen (Sten. Ber. 1893/94 S. 863 bis 877). Zur zweiten Beratung, die in der Sitzung vom 10. April 1894 stattfand (Sten. Ber. 1893/94 S. 2025—2052), wurden einige Abänderungs- und Ergänzungsanträge gestellt, die aber, bis auf zwei Anträge des Abg. Dr. Enneccerus, nicht in das Gesetz gelangten, da sie, soweit sie bei der zweiten Beratung Annahme fanden, in der dritten Beratung wieder gestrichen wurden. Die dritte Beratung fand am 12. April 1894 statt (Sten. Ber. 1893/94 S. 2066—2074); das Gesetz wurde, ohne daß es zur namentlichen Abstimmung über einzelne Bestimmungen oder über das Gesetz im ganzen gekommen wäre, vom Reichstag angenommen.

Zu den gestellten Abänderungs- und Ergänzungsanträgen, die nicht in die dritte Beratung gelangten, gehörte der oben bereits erwähnte Antrag Groeber. Ein Antrag des Abg. Hofmann-Dillenburg (Drucksachen 1893/94 Nr. 207):

> „Für Klagen aus diesem Gesetze ist der durch die §§ 13-24 der ZPO. bestimmte Gerichtsstand ausschließlich begründet"

wurde vom Antragsteller bei der zweiten Beratung

vor der Abstimmung zurückgezogen, ein Antrag des Abg. Lenzmann aber abgelehnt, der an Stelle der §§ 1 und 2 der Regierungsvorlage gesetzt wissen wollte:

§ 1.

„Hat bei dem Verkauf von dem Käufer übergebenen beweglichen Sachen, deren Kaufpreis in Teilzahlungen berichtigt werden soll, der Verkäufer sich das Recht vorbehalten, wegen Nichterfüllung der dem Käufer obliegenden Verpflichtungen ganz oder teilweise von dem Vertrage zurückzutreten, so hat im Falle dieses Rücktritts der Verkäufer an den Käufer denjenigen Betrag zu erstatten, in welchem der gegenwärtige Wert, den die zurückzugewährende Sache für den Verkäufer hat, den noch rückständigen Teil des gesamten Vertragskaufpreises übersteigt. Eine entgegengesetzte Vereinbarung ist nichtig.

§ 2.

Der Käufer hat im Falle des Rücktritts dem Verkäufer für die infolge des Vertrages gemachten Aufwendungen Ersatz zu leisten. Für die Benutzung der zurückzugewährenden Sache hat der Käufer auf den nach § 1 ihm zu erstattenden Sachwert sich fünf vom Hundert jährlicher Zinsen der Kaufpreisrückstände von deren Verfalltagen bis zur Rückgewähr der Sache anrechnen zu lassen. Eine entgegengesetzte Vereinbarung ist nichtig.

Der übrige Teil des § 2 der Regierungsvorlage fällt weg (Drucksachen 1893/94 Nr. 289).“

Der Antrag Lenzmann wollte somit an Stelle des Prinzips, welches dem Entwurf zugrunde lag, daß nämlich bei Auflösung des Geschäfts der status quo ante möglichst wiederhergestellt werde, eine Bestimmung setzen, nach welcher der ursprüngliche Verkäufer, der den Vertrag auflöste, zum Rückkäufer der verkauften Sache wurde und das Recht erhielt, auf den Rückkaufspreis nicht bloß die ihm aus dem aufgelösten Vertrage noch schuldigen Teilzahlungen, sondern auch noch die Aufwendungen aus dem Vertrag und Zinsen für die rückständigen Teilzahlungen anzurechnen. Der sozialpolitischen Absicht, die der Entwurf verfolgte, Schutz des wirtschaftlich schwach gestellten Abzahlungskäufers, hätte eine solche Lösung der Frage wenig entsprochen.

Zur Annahme in zweiter Lesung gelangte jedoch ein Antrag der Abgeordneten Tutzauer und Auer auf Einfügung folgender Bestimmung (Drucksachen Nr. 160 berichtigt):

„Wird über den Verkauf einer beweglichen Sache gegen Teilzahlung eine Urkunde errichtet, so ist der Verkäufer verpflichtet, dem Käufer der Sache eine zweite Ausfertigung der Vertragsurkunde auszuantworten und diese im Besitz des Käufers dauernd zu belassen. Die Aushändigung des zweiten Exemplars der Vertragsurkunde hat spätestens bei Übergabe der veräußerten Sache, bei stempelpflichtigen Urkunden spätestens am dritten Tage nach erfolgter Abstempelung zu erfolgen. Die Zuwiderhandlung gegen diese Vorschrift zieht eine Geldstrafe bis zu 150 M. nach sich."

Gegen diesen Antrag, der für den Abschluß eines privatrechtlichen Vertrages die Beobachtung einer Formalität durch Strafandrohung erzwingen wollte, wurden in der dritten Beratung von dem Staatssekretär des Reichsjustizamts, W. G. R. Nieberding, und verschiedenen Abgeordneten so schwere Bedenken geltend gemacht, daß der Reichstag den Beschluß zweiter Lesung wieder aufhob.

Zur Annahme in zweiter Lesung war endlich ohne Diskussion und, wie die Abgeordneten Frhr. v. Stumm-Halberg und Dr. v. Buchka in dritter Lesung behaupteten, nur infolge eines Mißverständnisses ein Antrag des Abg. Dr. Enneccerus gelangt (Drucksachen 1893/94, Nr. 290, Nr. 3), welcher das Verbot, die im § 7 des Entwurfs bezeichneten Arten von Papieren (Lotterielose, Inhaberpapiere mit Prämien, sowie Bezugs- und Anteilscheine auf solche Lose oder Inhaberpapiere) gegen Teilzahlungen zu verkaufen, auf Wertpapiere aller Art ausgedehnt wissen wollte. Nachdem der Vizepräsident des Königlich preußischen Staatsministeriums, Staatssekretär des Innern Dr. v. Boetticher, und die Abgeordneten Dr. Meyer, Lenzmann, Spahn, Frhr. v. Stumm-Halberg und Dr. v. Buchka auf die merkwürdigen Konsequenzen hingewiesen hatten, die sich aus dem Verbot, Wertpapiere jeder Art gegen Teilzahlungen zu verkaufen, notwendigerweise ergeben mußten, der Abg. Singer aber Aufrechterhaltung des in der zweiten Lesung gefaßten Beschlusses empfohlen hatte, wurde auch bezüglich dieses Punktes die frühere Fassung wiederhergestellt.

Annahme in zweiter und dritter Lesung fanden, wie oben bereits bemerkt, von den gestellten Abänderungsanträgen nur zwei Anträge des Abg. Dr. Enneccerus (Drucksachen 1892/94, Nr. 290). Sie lauten:

1. im § 2 nach dem Worte „vergüten" einzufügen: „wobei auf die inzwischen eingetretene Wertverminderung der Sache Rücksicht zu nehmen ist";
2. die Schlußworte des § 4 folgendermaßen zu fassen: „mindestens dem zehnten Teile des Kaufpreises der überlieferten Ware gleichkommt".

Die Fassung des Gesetzes weicht somit nur in diesen beiden Punkten von der Fassung des zweiten Entwurfes ab, die ihrerseits der Fassung des ersten Entwurfes entspricht, wie ihn die IX. Kommission des Reichstags in II. Session 1892/93 festgestellt hatte. Die Bedeutung der Abweichungen, welche vom Bundesrat genehmigt wurden, ist in Note 4 zu § 2 und in Note 6 zu § 4 besprochen.

Die Nr. 23 des Reichs-Gesetzblattes, in der das am 16. Mai 1894 zu Prökelwitz von Seiner Majestät dem Kaiser vollzogene Gesetz publiziert wurde, ist am 21. Mai 1894 zu Berlin ausgegeben worden. Das Gesetz ist daher mit dem 4. Juni 1894 in Kraft getreten.

Literatur.

Bähr: Anzeige in der Kritischen Vierteljahrsschrift für Gesetzg. u. Rechtsw. XIII, 3. S. 367—372.

— „Mißbräuchliche Geschäfte" in den Grenzboten. 1890.

Georg Becker: D. RG. betr. die Abzahlungsgeschäfte. Berlin.

Dr. Alfred Boldt: Das Abzahlungsgeschäft und seine besondere privatrechtliche Regelung nach dem Reichsgesetz vom 16. Mai 1894, Inauguraldissertation. Halle a. S. 1908.

van der Borght: Zur Reform der Abzahlungsgeschäfte im Archiv f. soziale Gesetzg. u. Statistik. Bd. IV, 270 ff.

v. Brünneck: „Ueber den sogenannten Möbelleihvertrag" in Gruchots Beiträgen X, S. 339 ff.

Cohen: Die volkswirtschaftliche Bedeutung des Abzahlungsgeschäfts. Leipzig 1891.

— „Ueber Abzahlungssystem beim Maschinenhandel" in Schmollers Jahrbuch XV, S. 609 ff.

Cosack: „Das Sachenrecht im Entwurf des Bürgerlichen Gesetzbuchs für das Deutsche Reich" in Bekker u. Fischers Beiträgen Heft 13. S. 13—15.

Dr. Ernst Eck: Vorträge über das Recht des BGB., nach des Verfassers Tode fortgeführt von

Dr. Leonhard, Geh. Justizrat. Berlin 1903.

Dr. Ernst Flatau: Die Zwangsvollstreckung in Leihmöbel. Berlin 1909.

Dr. Flechtheim, Rechtsanwalt, im Archiv für Zivil- u. Strafrecht der Rheinprovinz. Bd. 104, S. 275 ff.

Fromherz, Landgerichtsrat in Mosbach (Baden): Zwangsvollstreckung in den Anspruch aus einem sozialen Möbelleihvertrag usw. Zeitschrift für deutschen Zivilprozeß von Schultzenstein u. Vierhaus. Bd. 38, S. 49 ff. Berlin 1909.

Dr. Fritz Friedmann: D. RG. betr. d. Abzahlungsgeschäfte. Hannover 1894.

Fuld: „Der Eigentumsvorbehalt bei Verkäufen" in der Ztschr. f. französisches Zivilrecht. Bd. XVII S. 130.

— Das Reichsgesetz betreffend die Abzahlungsgeschäfte. Leipzig 1894.

Dr. Karl Gareis: D. RG. betr. d. Abzahlungsgeschäfte. Erlangen 1894. Separatabdruck aus „Seufferts Blätter für Rechtsanwendung".

Dr. Theodor George: Das Gesetz betr. d. Abzahlungsgeschäfte vom 16. Mai 1894 unter der Herrschaft des BGB., Inauguraldissertation. Borna-Leipzig 1906.

Hausmann: Die Veräußerung beweglicher Sachen gegen Ratenzahlung. Berlin 1891.

— „Das Abzahlungsgeschäft und der dem Reichstag vorliegende Gesetzentwurf" in Brauns Sozialpolitischem Zentralblatt II S. 211.

— Das Gesetz betr. die Abzahlungsgeschäfte. Berlin 1894.

Heck: Gutachten in den Verhandl. des XXI. Deutschen Juristentags. Bd. 1 S. 131 ff.

Dr. Alex Heilbrun: Die besondere privatrechtliche Regelung der Abzahlungsgeschäfte nach dem geltenden deutschen Reichsrechte, Inauguraldissertation. Borna-Leipzig 1903.

Höhne: Der sogenannte Leihvertrag. Berlin 1885.

— Theorie des sog. Leihvertrags. Berlin 1886.

— Die gesetzliche Regelung der Ratenabzahlungsgeschäfte. Berlin 1891.

Jastrow: Gutachten in den Verhandl. d. XXII. Deutschen Juristentags. Bd. 2, S. 131 ff.

Dr. Lazarus: Das Recht des Abzahlungsgeschäftes nach geltendem Recht und nach dem Bürgerlichen Gesetzbuch. Berlin 1898.

Leist: Die Sicherung von Forderungen durch Uebereignung von Mobilien. 1889. S. 106ff.

Lichtenthal: Ratenzahlungssystem. Berlin 1891.

Dr. Max Liebert: Begleichung von Abzahlungsraten durch den pfändenden Gläubiger, Inauguraldissertation. Borna-Leipzig 1907.

Dr. Hans Lieske: Das Abzahlungsgeschäft und seine zivilrechtliche Regelung. Inauguraldissertation. Borna-Leipzig 1906.

Marwitz: „Ueber den Möbelleihvertrag" in Gruchots Beiträgen. XXXV, S. 214ff.

Mataja: „Ratenhandel und Abzahlungsgeschäft" im Archiv für soziale Gesetzg. und Statistik. I, 157—175.

— „Abzahlungsgeschäfte" im Handwörterbuch d. Staatswissenschaften von Conrad und Lexis. Jena 1890.

Dr. W. Meinerts: Die Abzahlungsgeschäfte und ihre juristische Konstruktion. Inauguraldissertation. Borna-Leipzig 1908.

Näf: „Bedungener Eigentumsvorbehalt bei Interimsverkäufen" in den Badischen Annalen. L S. 238.

Sachs: Die Abzahlungsgeschäfte und ihre Gegner. Berlin 1887.

Dr. Sigismund Samoje: Die Zwangsvollstreckung in Leihmöbel. Inauguraldissertation. Rostock 1907.

Schember: „Nochmals der Eigentumsvorbehalt" in den Badischen Annalen. LIII S. 12ff.

Dr. Albert Schmidt, Rechtsanwalt: Verwirkungsklausel und Vertragsstrafe beim Abzahlungsgeschäft. Inauguraldissertation. Rostock 1902.

Gottfried Schmitt: RG. betr. die Abzahlungsgeschäfte. München 1894.

Dr. Hermann Schulze: Der Rücktrittsvorbehalt im

Gesetz betr. die Abzahlungsgeschäfte. Inauguraldissertation. Leipzig 1907.
Seufferts Archiv für Entscheidungen der obersten Gerichte in deutschen Staaten. Herausgegeben von Schütt, dritte Folge, Bd. III, 1903.
Staub: „Klage und Einrede im Interventionsprozesse" in der Juristischen Wochenschrift. 1888. S. 301.
Stenographische Berichte: über die Verhandlungen
a) des XXI. Deutschen Juristentags. Bd. 3 S. 42—87 u. S. 424—426;
b) des XXII. Deutschen Juristentags. Bd. 4 S. 124—171 u. S. 419—421.
A. A. H. Struycken, Advocaat en Procureur: in Handelingen der Nederlandsche Juristen-Vereeniging. 36. Jahrgang. 1906. I. 4. Stück. Ist eine gesetzliche Regelung d. Abzahlungsgeschäftes wünschenswert und welche?
Dr. Emil Voigt: Das Reichsgesetz betr. die Abzahlungsgeschäfte vom 16. 5. 1894 in seinen wichtigsten Streitsachen. Inauguraldissertation. Borna-Leipzig 1908.
Dr. R. Wilke: „Gutachten" in den Verhandl. des XXI. Deutschen Juristentags. Bd. 2 S. 117 ff.

(Nr. 2176.)

Gesetz, betreffend die Abzahlungsgeschäfte.

Vom 16. Mai 1894.

(RGBl. 1894, Nr. 23, S. 450—451; ausgegeben zu Berlin den 21. Mai 1894.)

Wir **Wilhelm**, von Gottes Gnaden Deutscher Kaiser, König von Preußen 2c.

verordnen im Namen des Reichs, nach erfolgter Zustimmung des Bundesrats und des Reichstags, was folgt:

§ 1.

Hat bei dem Verkauf einer dem Käufer übergebenen beweglichen Sache, deren Kaufpreis in Teilzahlungen berichtigt werden soll, der Verkäufer sich das Recht vorbehalten, wegen Nichterfüllung der dem Käufer obliegenden Verpflichtungen von dem Vertrage zurückzutreten, so ist im Falle dieses Rücktritts jeder Teil verpflichtet, dem anderen Teil die empfangenen Leistungen zurückzugewähren. Eine entgegenstehende Vereinbarung ist nichtig.

Dem Vorbehalte des Rücktrittsrechts steht es gleich, wenn der Verkäufer wegen Nichterfüllung der dem Käufer obliegenden Verpflichtungen kraft Gesetzes die Auflösung des Vertrages verlangen kann.

§ 2.

Der Käufer hat im Falle des Rücktritts dem Verkäufer für die infolge des Vertrages gemachten Aufwendungen, sowie für solche Beschädigungen der Sache Ersatz zu leisten, welche durch ein Verschulden des Käufers oder durch einen sonstigen von ihm zu vertretenden Umstand verursacht sind. Für die Überlassung des Gebrauchs oder der Benutzung ist deren Wert zu vergüten, wobei auf die inzwischen eingetretene Wertminderung der Sache Rücksicht zu nehmen ist. Eine entgegenstehende Vereinbarung, insbesondere die vor Ausübung des Rücktrittsrechts erfolgte vertragsmäßige Festsetzung einer höheren Vergütung, ist nichtig.

Auf die Festsetzung der Höhe der Vergütung finden die Vorschriften des § 260 Absatz 1 (jetzt § 287) der Zivilprozeßordnung entsprechende Anwendung.

§ 3.

Die nach den Bestimmungen der §§ 1, 2 begründeten gegenseitigen Verpflichtungen sind Zug um Zug zu erfüllen.

§ 4.

Eine wegen Nichterfüllung der dem Käufer obliegenden Verpflichtungen verwirkte Vertragsstrafe kann, wenn sie unverhältnismäßig hoch ist, auf Antrag des Käufers durch Urteil auf den angemessenen Betrag herabgesetzt werden. Die Herabsetzung einer entrichteten Strafe ist ausgeschlossen.

Die Abrede, daß die Nichterfüllung der dem Käufer obliegenden Verpflichtungen die Fälligkeit der Restschuld zur Folge haben solle, kann rechtsgültig nur für den Fall getroffen werden, daß der Käufer mit mindestens zwei auf einander folgenden Teilzahlungen ganz oder teilweise im Verzug ist und der Betrag, mit dessen Zahlung er im Verzug ist, mindestens dem zehnten Teile des Kaufpreises der übergebenen Sache gleichkommt.

§ 5.

Hat der Verkäufer auf Grund des ihm vorbehaltenen Eigentums die verkaufte Sache wieder an sich genommen, so gilt dies als Ausübung des Rücktrittsrechts.

§ 6.

Die Vorschriften der §§ 1 bis 5 finden auf Verträge, welche darauf abzielen, die Zwecke eines Abzahlungsgeschäfts (§ 1) in einer anderen Rechtsform, insbesondere durch mietweise Überlassung der Sache zu erreichen, entsprechende Anwendung, gleichviel ob dem Empfänger der Sache ein Recht, später deren Eigentum zu erwerben, eingeräumt ist oder nicht.

§ 7.

Wer Lotterielose, Inhaberpapiere mit Prämien (Gesetz vom 8. Juni 1871, Reichs-Gesetzbl. S. 210) oder Bezugs- oder Anteilscheine auf solche Lose oder Inhaberpapiere gegen Teilzahlungen verkauft oder durch sonstige auf die gleichen Zwecke abzielende Verträge veräußert, wird mit Geldstrafe bis zu fünfhundert Mark bestraft.

Es begründet keinen Unterschied, ob die Übergabe des Papiers vor oder nach der Zahlung des Preises erfolgt.

§ 8.

Die Bestimmungen dieses Gesetzes finden keine Anwendung, wenn der Empfänger der Ware als Kaufmann in das Handelsregister eingetragen ist.

§ 9.

Verträge, welche vor dem Inkrafttreten dieses Gesetzes abgeschlossen worden sind, unterliegen den Vorschriften desselben nicht.

Urkundlich unter Unserer Höchsteigenhändigen Unterschrift und beigedrucktem Kaiserlichen Insiegel.

Gegeben Prökelwitz, den 16. Mai 1894.

(L. S.) **Wilhelm.**

Graf von Caprivi.

§ 1.

Hat bei dem Verkauf[1] einer dem Käufer übergebenen[2] beweglichen[3] Sache, deren Kaufpreis in Teilzahlungen berichtigt werden soll, der Verkäufer sich das Recht vorbehalten, wegen Nichterfüllung der dem Käufer obliegenden Verpflichtungen[4] von dem Vertrage zurückzutreten, so ist im Falle dieses Rücktritts[5] jeder Teil verpflichtet, dem anderen Teil die empfangenen Leistungen zurückzugewähren[6]. Eine entgegenstehende Vereinbarung ist nichtig.

Dem Vorbehalte des Rücktrittsrechts steht es gleich, wenn der Verkäufer wegen Nichterfüllung der dem Käufer obliegenden Verpflichtungen kraft Gesetzes die Auflösung des Vertrages verlangen kann[7].

[1] Die ersten fünf Paragraphen des Gesetzes handeln von dem Abzahlungsgeschäft in seiner einfachsten Rechtsform, dem Kauf und Verkauf auf Abzahlung. Die Motive nennen den Abzahlungskauf: „das Abzahlungsgeschäft in seiner unverhüllten Gestalt". Von den Abzahlungsgeschäften, die in einer anderen Rechtsform als dem Kauf geschlossen werden, handelt § 6. Der Kauf auf Abzahlung ist eine besondere Art des Kreditkaufs, nämlich ein Kredit=

kauf, bei dem die Zahlung des Kaufpreises in Teilzahlungen verabredet und die einzelne Teilzahlung nur bis zu dem Termin, an welchem sie verabredetermaßen zu zahlen ist, kreditiert wird. Im Gegensatz zum Kreditkauf steht einerseits der Barkauf, bei dem der Kaufpreis mit der Überlieferung der Ware gleichzeitig bezahlt wird, andrerseits der Pränumerationskauf, bei dem Zahlung des Preises vor Lieferung der Ware erfolgt.

[2] Daß die bewegliche Sache (Ware, wie es im § 8 heißt), die den Gegenstand des Vertrages bildet, dem Käufer übergeben worden ist, ist nicht bloß für den Abzahlungskauf wesentlich, sondern für alle Verträge, die als Abzahlungsgeschäfte im Sinne der §§ 1—6 des Gesetzes gelten sollen. Die Bestimmung des § 7 Abs. 2, wonach es keinen Unterschied machen soll, ob die Übergabe eines gegen Teilzahlungen veräußerten Lotterieloses oder eines sonstigen Papiers der im § 7 genannten Art vor oder nach der Zahlung des Preises erfolgt, hat nur für die Anwendung der im § 7 vorgesehenen Strafbestimmung Bedeutung (vgl. Note 6 zu § 7).

[3] Ein Abzahlungsgeschäft im Sinne des Gesetzes vom 16. Mai 1894 liegt bei Veräußerungen von Immobilien nicht vor. Unter beweglichen Sachen sind nach § 90 BGB.: „Sachen im Sinne des Gesetzes sind nur körperliche Gegenstände", nicht Rechte, wohl aber Urkunden über Rechte, z. B. Inhaberpapiere, zu verstehen (vgl. Note 6 zu § 7).

[4] Die dem Käufer obliegende Verpflichtung zur rechtzeitigen Leistung der fällig gewordenen Teilzahlungen ist nicht die einzige Verpflichtung, an deren Nichterfüllung im Kaufvertrage das Rücktrittsrecht des Verkäufers geknüpft werden kann. Es können auch anderweitige Verpflichtungen dem Verkäufer durch den Vertrag auferlegt (vgl. §§ 3 u. 4 im Formular A 1 und §§ 2 u. 3 im Formular B 1 im Anhang II) und dem Verkäufer das

Recht zum Rücktritt für den Fall der Nichterfüllung dieser Verpflichtungen vorbehalten werden.

[5] Durch den Rücktritt des Verkäufers von dem Vertrage wird das eingegangene Kaufgeschäft aufgelöst; das Eigentum der verkauften und übergebenen Sache fällt dadurch an den Verkäufer zurück, und dem Käufer erwächst daher die Verpflichtung, den Verkäufer in den Besitz der ihm gehörigen Sache zu setzen; dies stimmt mit dem bisherigen Recht überein. RGE. Bd. 50 S. 266. Die Neuerung des Gesetzes vom 16. Mai 1894 liegt aber darin, daß der Verkäufer in jedem Falle, und zwar auch dann, wenn das Gegenteil im Vertrag verabredet sein sollte, verpflichtet ist, seinerseits dem Käufer die von ihm auf Grund des aufgelösten Vertrages geleisteten Teilzahlungen vorbehaltlich gewisser vom Gesetz festgestellter Abzüge wieder herauszuzahlen. Da nach § 3 des Gesetzes die aus den §§ 1 u. 2 fließenden gegenseitigen Verpflichtungen Zug um Zug zu erfüllen sind, so hat der im Besitz befindliche Käufer der Ware die Befugnis, die Rückgabe der Ware zu verweigern, bis der Verkäufer die ihm obliegenden Leistungen erfüllt oder mit der Annahme der Leistungen den Käufer in Verzug gesetzt hat. Nach der Erklärung des Rücktritts seitens des Verkäufers kann dem Käufer aber ein Recht auf Gebrauch oder Benutzung der Sache nicht mehr zugestanden werden. — Das Recht des Rücktritts, das mit jeder fälligen Ratenzahlung für den Verkäufer neu entsteht, geht jedesmal wieder verloren, sobald er eine Abschlagszahlung auf eine fällige Ratenzahlung annimmt (nach gemeinem Recht auch schon dann, wenn er vom Käufer nach der Fälligkeit der Rate Zahlung fordert (L. 7. D. 18, 3). Für das Gebiet des rheinischen Rechts ist durch Urteil des Reichsgerichts vom 20. Juni 1884 (RGE. Bd. 11 S. 361) entschieden, daß mit der Zession eines Teils seiner Kaufpreisforderung sich der Verkäufer des Rücktrittsrechts (Resolutionsrechtes) begibt.

[6] Die Bestimmung, daß im Falle der Verkäufer von seinem Rücktrittsrecht Gebrauch macht, jeder Teil verpflichtet ist, dem anderen Teil die empfangenen Leistungen zurückzugewähren, ist das Prinzip des Gesetzes, welches für diesen Fall den Zustand, der vor Abschluß des Vertrages bestand, tunlichst wiederhergestellt wissen will (Motive zu § 1 S. 6) (§§ 346, 360 BGB.). Die im § 2 enthaltenen Vorschriften über das, was der Käufer außer der Zurückgewährung der von ihm benutzten Sache dem Verkäufer zu leisten hat, ändern an diesem Prinzip nichts, sondern führen es aus, indem sie auf eine gerechte Ausgleichung des Schadens hinwirken, welchen der Verkäufer leiden würde, wenn er die erhaltenen Teilzahlungen vollständig gegen Empfang der vom Käufer benutzten Sache herausgeben müßte.

[7]) Abs. 2 des § 1 bezieht sich lediglich auf die in den Gebieten des französischen Rechts geltenden Bestimmungen, welche seit 1. Januar 1900 außer Kraft getreten sind (Preuß. Ausführungsgesetz zum BGB. Art. 89 Nr. 2). Nach Artikel 1183 des Code civil:

La condition résolutoire est toujours sous-entendue dans les contrats synallagmatiques, pour le cas, où l'une des deux parties ne satisfera point à son engagement.

Dans ce cas, le contrat n'est point résolu de plein droit. La partie envers laquelle l'engagement n'a point été exécuté, a le choix ou de forcer l'autre à l'exécution de la convention, lorsqu'elle est

Die auflösende Bedingung wird bei allen zweiseitigen Verträgen für den Fall, wo einer von beiden Teilen seinem Versprechen kein Genüge leistet, stillschweigend als gewollt angesehen.

Der Vertrag ist jedoch in solchem Fall nicht kraft Gesetzes aufgelöst. Der Teil, welchem das ihm gegebene Versprechen nicht erfüllt wurde, hat die Wahl, entweder den Anderen zur Erfüllung des Vertrags, wenn possible, ou d'en demander la résolution avec dommages et intérêts.

La résolution doit être demandée en justice, et il peut être accordé au défendeur un délai selon les circonstances.

diese noch möglich ist, zu zwingen, oder dessen Aufhebung nebst vollständiger Schadloshaltung zu verlangen.

Die Aufhebung muß vor Gericht nachgesucht und es kann dem Beklagten nach Lage des Falls ein Aufschub verstattet werden.

brauchte im Gebiet des Rheinischen Rechts die auflösende Bedingung (kassatorische Klausel) bei gegenseitigen Verträgen nicht ausdrücklich verabredet zu werden. Das Gesetz selbst gab jeder Partei das Recht für den Fall, daß eine der beiden Parteien ihren Verpflichtungen nicht genügte, die Auflösung des Vertrages im gerichtlichen Verfahren herbeizuführen. Überdies bestimmte Art. 1654 Code civil:

Si l'acheteur ne paye pas le prix, le vendeur peut demander la résolution de la vente.

Wenn der Käufer den Kaufpreis nicht zahlt, kann der Verkäufer die Aufhebung des Verkaufs verlangen.

Hiermit stimmen überein Art. 1184 und 1654 des Badischen Landrechts. Jeder im Gebiet des Rheinischen Rechts vor 1. Januar 1900 geschlossene Abzahlungskauf über eine dem Käufer übergebene Sache und jedes in diesem Gebiet in anderer Rechtsform als dem Kauf geschlossenes Abzahlungsgeschäft (§ 6) gab also dem Verkäufer oder Veräußerer das Recht, wegen Nichterfüllung der dem Gegenkontrahenten obliegenden Verpflichtungen, sofern diese Verpflichtungen nicht etwa ganz unwesentlicher Natur sind (Urteil des Reichsgerichts vom 20. Januar 1880. RGE. Bd. I S. 217) die Auflösung des Vertrags beim Gericht nachzusuchen. Machte er von diesem Recht Gebrauch, so griffen die Bestimmungen des Gesetzes vom 16. Mai 1894 Platz. Jedoch konnte im Gebiet des Rheinischen Rechts der Richter dem Beklagten in den Fällen, wo dies bisher zulässig war, einen Aufschub zur Erfüllung der ihm obliegenden Vertragsleistungen gewähren, da dieses richterliche Recht nur eine Einschränkung des Rechts des Geschädigten, die Auflösung des Vertrags zu verlangen, in sich schließt, an dem Umfang dieses Rechts aber durch das Gesetz vom 16. Mai 1894 nichts geändert worden ist. Darüber, daß Art. 1184 Abs. 3 des Code civil durch § 14 N. 4 des EinfGes. zur Deutschen Zivilprozeßordnung nicht beseitigt ist, vgl. die Erwägungsgründe der Erkenntnisse des Reichsgerichts vom 10. Februar 1880 u. 7. März 1882 (RGE. in Zivilsachen Bd. 1 S. 56, Bd. 6 S. 332). Durch § 455 BGB. ist nunmehr bestimmt, daß, wenn sich der Verkäufer einer beweglichen Sache das Eigentum bis zur Zahlung des Kaufpreises vorbehalten hat, im Zweifel anzunehmen ist, daß die Übertragung des Eigentums unter der aufschiebenden Bedingung vollständiger Zahlung des Kaufpreises erfolgt und daß der Verkäufer zum Rücktritte vom Vertrage berechtigt ist, wenn der Käufer mit der Zahlung in Verzug kommt. Im Gebiete des Preuß. Landrechts hatte trotz der Bestimmung des § 266 Tl. I Tit. 11 ALR., welche dem Eigentumsvorbehalt die Kraft einer auflösenden Bedingung gab, die Praxis ein Recht der Parteien sanktioniert, zu verabreden, daß der Eigentumsübergang von einer aufschiebenden Bedingung abhängig gemacht werden kann.

§ 2.

Der Käufer[1] hat im Falle des Rücktritts dem Verkäufer für die infolge des Vertrages gemachten

Aufwendungen, sowie für solche Beschädigungen der Sache Ersatz zu leisten, welche durch ein Verschulden des Käufers oder durch einen sonstigen von ihm zu vertretenden Umstand verursacht sind[2]. Für die Überlassung des Gebrauchs oder der Benutzung[3] ist deren Wert zu vergüten, wobei auf die inzwischen eingetretene Wertminderung der Sache Rücksicht zu nehmen ist[4]. Eine entgegenstehende Vereinbarung, insbesondere die vor Ausübung des Rücktrittsrechts erfolgte vertragsmäßige Festsetzung einer höheren Vergütung, ist nichtig[5].

Auf die Festsetzung der Höhe der Vergütung finden die Vorschriften des § 260 Absatz 1 (jetzt § 287) der Zivilprozeßordnung entsprechende Anwendung[6].

[1] Wie in Note 7 zu § 1 schon bemerkt ist, dient § 2 lediglich zur Ausführung des dem Gesetz zugrunde liegenden Prinzips, daß im Fall des Rücktritts des Verkäufers jeder Teil verpflichtet ist, dem andern die empfangenen Leistungen zurückzugewähren, indem § 2 festsetzt, was der Käufer neben der Rückgewähr der von ihm benutzten Sache an den Verkäufer zu leisten hat. Er hat aber zu leisten:

a) Ersatz der Aufwendungen, welche der Käufer auf Grund des Vertrages oder in Veranlassung desselben gemacht hat, z. B. Transportkosten der dem Käufer übergebenen Sache;
b) Ersatz des Minderwerts der Sache, welche in der Zeit ihres Gebrauchs oder ihrer Benutzung seitens des Käufers durch Beschädigungen eingetreten ist, insofern diese Beschädigungen durch ein Verschulden des Käufers oder durch einen sonstigen von ihm zu vertretenden Umstand verursacht sind;

c) Ersatz des Minderwerts der Sache, welcher durch den bloßen Ablauf der Zeit und durch die bloße Tatsache der erfolgten Benutzung eingetreten ist, soweit die Pflicht, diesen Minderwert zu ersetzen, nicht durch den Ersatz des unter N. 2 aufgeführten Minderwerts im einzelnen Falle bereits gedeckt ist;

d) eine Vergütung für den dem Käufer gewährten Gebrauch oder die Benutzung der Sache.

Da nun nach § 3 die aus den §§ 1 und 2 fließenden gegenseitigen Verpflichtungen Zug um Zug zu erfüllen sind, so darf der Verkäufer bei der ihm obliegenden Rückzahlung der empfangenen Teilzahlungen alles in Abzug bringen, was er auf Grund des § 2 vom Käufer zu fordern berechtigt ist. Die Verständigung der Parteien über das, was sie sich gegenseitig nach Auflösung des Abzahlungsgeschäfts zu leisten haben, wird also davon abhängen, ob sie sich über die Höhe der Summe einigen, welche der Verkäufer von den ihm geleisteten Teilzahlungen für sich zurückbehalten darf.

[2] Beschädigungen, welche die zurückgewährte Sache durch das Verschulden eines Dritten oder durch einen sonstigen von diesem Dritten zu vertretenden Umstand in der Zeit der Benutzung seitens des Käufers gelitten hat, hat dieser Dritte dem Verkäufer, der durch die Auflösung des Vertrages das Eigentumsrecht an der Sache und damit die Forderung auf Schadensersatz gegen den Beschädiger der Sache erlangt hat, zu ersetzen. Hat aber der Käufer in der Zwischenzeit schon den Ersatz vom Dritten erlangt, so muß er diesen Ersatz dem Verkäufer nach Auflösung des Vertrages herausgeben. Die amtlichen Motive (zu § 2 S. 6) betonen, daß zu den Beschädigungen, welche von dem Käufer zu ersetzen sind, alle Beschädigungen gehören, welche durch nicht ordnungsmäßigen Gebrauch der Sache seitens des Käufers entstanden sind.

[3] Die Wortfassung: „Die Überlassung des Gebrauchs oder der Benutzung“ statt „überlassener Nutzung“ ist von der IX. Kommission beschlossen worden; vgl. Anhang I. Die Änderung ist lediglich redaktioneller Art. Daß beim Kauf und Verkauf einer Sache auf Abzahlung dem Käufer die weitgehendste Benutzung der übergebenen Sache, insbesondere also auch der Fruchtbezug, sofern die Sache Früchte bringt (z. B. bei verkauftem Vieh: Wolle, Junge, Dünger) zusteht, folgt aus der Natur des Kaufvertrages; es wird aber dasselbe im Zweifel auch bei allen sonstigen Abzahlungsgeschäften, z. B. bei der Viehleihe, anzunehmen sein. Die Früchte sind aber nach Auflösung des Vertrags, auch soweit sie in Natur vorhanden sind, nicht vom Käufer dem Verkäufer zurückzugeben: der letztere braucht sie wenigstens nicht anzunehmen, da er Ersatz des Werts derselben in der Vergütung verlangen kann, die ihm auf Grund des § 2 für die Überlassung der Benutzung der Sache, zu der eben die Früchte gehören, zusteht.

[4] Der Satz „wobei auf die inzwischen eingetretene Wertminderung der Sache Rücksicht zu nehmen ist“, fand sich nicht in dem Entwurf vom 13. Dezember 1893. In der Begründung zu § 2 (S. 6) war vielmehr gesagt: „Hierbei (nämlich bei Bemessung der Entschädigung, welche der Käufer für die Überlassung des Gebrauchs oder der Benutzung zu zahlen hat) ist selbstverständlich auf die Verringerung des Verkehrswerts, den z. B. neue Möbel durch eine, wenn auch nur kurze Benutzung erleiden, gebührende Rücksicht zu nehmen.“ Der Reichstag stellte aber auf Antrag des Abg. Enneccerus, um alle Zweifel abzuschneiden, jenen Satz in das Gesetz ein. Die Konsequenz desselben ist, daß der Käufer dem Verkäufer nach Auflösung des Vertrags, sofern diese Auflösung durch Rücktritt des Verkäufers auf Grund seines Rechts hierzu erfolgt ist, in der Vergütung, die er dem Käufer für den Gebrauch oder die Benutzung der Sache schuldet,

nicht bloß jede Wertminderung der Sache ersetzen muß, welche dadurch eingetreten ist, daß die Sache eine gewisse Zeitlang gebraucht oder benutzt worden ist, ein Fall, den die Motive im Auge hatten, sondern auch jede Wertminderung ersetzen muß, die durch den bloßen Zeitablauf eingetreten ist. Dies ergibt sich aus dem unzweideutigen Wortlaut der jetzigen Fassung. Durch den bloßen Zeitablauf können viele Waren, insbesondere wenn sie der Mode unterworfen sind, z. B. Hüte, Kleider, auch Möbel, einen bedeutenden Minderwert erfahren. Mindert sich daher eine auf Abzahlung verkaufte Sache infolge Änderung der Mode in ihrem Wert, und es kommt zum Rücktritt des Verkäufers, weil Käufer seine Verpflichtungen nicht erfüllt, so hat der Käufer für den durch den Wechsel der Mode verursachten Minderwert der Sache den Verkäufer schadlos zu halten. Natürlich kann aber Ersatz für eine Wertminderung, welche durch den bloßen Zeitablauf oder durch die bloße Tatsache der stattgefundenen Benutzung eingetreten ist, nur insoweit gefordert werden, als diese Wertminderung der Sache nicht durch den Ersatz gedeckt wird, der für Beschädigungen der Sache geleistet wird, und endlich kann der Verkäufer auch nicht verlangen, daß etwa, um den Grad der Wertminderung festzustellen, der jetzige Wert der Sache mit dem beim Abzahlungskauf verabredeten Kaufpreise in Vergleich gestellt werde. Die Wertminderung, welche die Sache erfahren hat, besteht lediglich in der Differenz zwischen dem wirklichen Wert, den die Sache zur Zeit des Vertragsabschlusses hatte, und dem wirklichen Wert, den die Sache zur Zeit der Auflösung des Vertrages hat; diese Differenz wird natürlich stets viel geringer sein als die Differenz zwischen dem verabredeten Kaufpreise und dem wirklichen Wert zur Zeit der Vertragsauflösung. Dem freien Ermessen des erkennenden Richters mußte daher vom Gesetz für die ihm bei Nichteinigung der Parteien obliegende Bemessung der nach § 2 des

Gesetzes vom Käufer zu leistenden Vergütung weitester Spielraum gewährt werden, wie dies dann auch in Abs. 2 des Paragraphen durch die Anwendbarkeitserklärung des § 287 Abs. 1 der Zivilprozeßordnung geschehen ist. Der § 2 Abs. 1, der sich an das in § 346 BGB. ausgesprochene Prinzip anlehnt, wonach bei vertraglich vorbehaltenem Rücktrittsrecht eines Teils die Parteien verpflichtet sind, wenn der Rücktritt erfolgt, einander die empfangenen Leistungen zurückzugewähren und hierbei für die Überlassung der Benutzung einer Sache der Wert zu vergüten ist, hat zu erheblichen Meinungsverschiedenheiten wegen der Berechnung des Wertes geführt (vgl. Lazarus §§ 83 ff. S. 91 bis 102. Hausmann Anm. 5 zu § 2 S. 75 bis 80. Schmitt Note 7, 8 zu § 2 S. 55 bis 60. Fuld Note 8 zu § 2 S. 17. Gareis S. 13 ff. Becker Kapitel 4 Nr. 3 S. 28 ff.). Am meisten beachtenswert erscheinen die Ausführungen von Hausmann. Gerade mit Rücksicht auf die große Mannigfaltigkeit der einzelnen Fälle ist die Absicht des Gesetzes, bei Berechnung des Wertes dem Richter einen möglichst weiten Spielraum zu belassen, durchaus zu billigen.

Als Wert zur Zeit des Vertragsabschlusses ist derjenige Wert anzusehen, den die Sache für den Käufer hat, nicht der, den sie für den Verkäufer hat (Hausmann a. a. O. S. 76). Es läßt sich nicht rechtfertigen, bei Abschätzung des Wertes auch noch einen etwaigen Geschäftsgewinn des Verkäufers außerdem in Betracht zu ziehen (Fuld S. 17. Schmitt S. 56, 57); es würde dies dem Zweck des Gesetzes, den Schuldner gegen Übervorteilungen seitens der Abzahlungshändler zu schützen, widersprechen (Lazarus a. a. O. S. 100; Gareis S. 17).

[5] Jede den §§ 1 und 2 des Gesetzes vom 16. Mai 1894 entgegenstehende Parteivereinbarung, die vor Rücktritt des Verkäufers erfolgte, ist nichtig; Vereinbarungen, die nach Auflösung des Vertrags von den Parteien

behufs Ausführung der auf Grund der §§ 1 und 2 ihnen obliegenden gegenseitigen Verpflichtungen geschlossen sind, werden jedoch nicht deshalb, weil sie tatsächlich den Vorschriften der §§ 1 und 2 widersprechen, der Nichtigkeit unterliegen. Bezüglich einer zwischen den Parteien nach Auflösung des Vertrags zustande gekommenen Einigung über die Höhe der vom Käufer für die Überlassung, den Gebrauch oder der Benutzung der Sache zu gewährenden Vergütung ist dies in den Motiven ausdrücklich anerkannt. Im übrigen aber ist zu betonen, daß der § 2 die vom Verkäufer zu erhebenden Ansprüche nach ihrem Höchstbetrage regelt und jede, diesen Höchstbetrag übersteigende, vereinbarte Vergütung absolut nichtig ist und gegebenenfalls der Strafbestimmung des Wuchers unterliegt (§ 302e StGB. Ges. vom 19. Juni 1893) (vgl. auch Hausmann S. 81, der einzelne Beispiele anführt von Vereinbarungen, die als ausgeschlossen zu betrachten sind). Es sind auch Vereinbarungen, die nach erfolgtem Rücktritt zwischen den Parteien getroffen werden, z. B. Vergleiche, die im Widerspruch mit der Bestimmung des § 4 stehen, unzulässig. (RG. Bd. 37 S. 416. Hausmann S. 84. Lazarus S. 113.)

[6] § 260 Abs. 1 der Zivilprozeßordnung, jetzt § 287, lautet:

„Ist unter den Parteien streitig, ob ein Schaden entstanden sei, und wie hoch sich der Schaden oder ein zu ersetzendes Interesse belaufe, so entscheidet hierüber das Gericht unter Würdigung aller Umstände nach freier Überzeugung. Ob und inwieweit eine beantragte Beweisaufnahme oder von Amts wegen die Begutachtung durch Sachverständige anzuordnen sei, bleibt dem Ermessen des Gerichts überlassen. Das Gericht kann anordnen, daß der Beweisführer den Schaden oder das Interesse eidlich schätze. In diesem Falle hat das Gericht zugleich den Betrag zu bestimmen, welchen die eidliche Schätzung nicht übersteigen darf."

Dem freien Ermessen des Richters mußte aus den in Note 4 angedeuteten Gründen bei Bemessung der Höhe der Vergütung, welche der Käufer für Überlassung des Gebrauchs oder der Benutzung zu leisten hat, der weiteste Spielraum gewährt werden.

§ 3.

Die nach den Bestimmungen der §§ 1, 2 begründeten gegenseitigen Verpflichtungen sind Zug um Zug zu erfüllen.

[1] Zug um Zug werden gegenseitige Verpflichtungen erfüllt, wenn sie von den Parteien gleichzeitig, soweit dies nach der Natur der Dinge möglich ist, erfüllt werden. Zur Voraussetzung hat also diese Art der Erfüllung, daß die Parteien darüber einig sind, inwieweit sich ihre gegenseitigen Verpflichtungen kompensieren. „Die Bestimmung des § 3", heißt es daher in den Motiven, „bringt zum Ausdruck, daß einerseits der Käufer die Sache nur zurückzugeben braucht, wenn ihm gleichzeitig die Leistungen zurückgewährt werden, deren Rückgewährung er zu beanspruchen hat, und daß andrerseits der Verkäufer von den empfangenen Zahlungen den Betrag in Abzug bringen darf, der zur Deckung seiner nach § 2 begründeten Ansprüche erforderlich ist." Da den Verkäufer die Beweislast trifft, falls der Käufer bestreitet, daß die Abzüge in der vom Verkäufer beabsichtigten Höhe gemacht werden dürfen, so ist die Stellung des Verkäufers, wenn er vom Vertrage zurücktritt, weil der Käufer seine Verpflichtungen nicht erfüllt hat, prozessualisch viel schwieriger als die des Käufers. Überdies wird der Verkäufer, auch im Falle des Obsiegens im Rechtsstreite,

von dem Käufer sehr oft den Ersatz der Prozeßkosten nicht erlangen können. Der Gesetzgeber hat indessen an diese, von ihm sehr wohl erkannte, ungünstige Stellung, welche der Verkäufer im Prozesse hat, die Erwartung knüpfen zu dürfen gemeint, daß die Aussicht hierauf in Verbindung mit der Gefahr, auch im Falle des Obsiegens den Ersatz der Prozeßkosten von dem Käufer nicht erlangen zu können, dazu beitragen werde, die „Abzahlungshändler" einer gütlichen Einigung geneigt zu machen. (Motive zu § 2.)

[2] § 3 gibt die in § 348 BGB. enthaltene Regel wieder in Verbindung mit §§ 320, 321 BGB.

§ 4.

Eine wegen Nichterfüllung der dem Käufer obliegenden Verpflichtungen verwirkte Vertragsstrafe[1] kann, wenn sie unverhältnismäßig hoch ist, auf Antrag des Käufers durch Urteil auf den angemessenen Betrag herabgesetzt werden[2]. Die Herabsetzung einer entrichteten Strafe ist ausgeschlossen[3].

Die Abrede, daß die Nichterfüllung der dem Käufer obliegenden Verpflichtungen die Fälligkeit der Restschuld zur Folge haben solle[4], kann rechtsgültig nur für den Fall getroffen werden, daß der Käufer mit mindestens zwei aufeinander folgenden Teilzahlungen[5] ganz oder teilweise im Verzug ist und der Betrag, mit dessen Zahlung er im Verzug ist, mindestens dem zehnten Teile des Kaufpreises der übergebenen Sache gleichkommt[6].

[1] Eine Vertragsstrafe wird nach dem Inkrafttreten des Gesetzes für den Fall, daß der Verkäufer

von seinem Rücktrittsrecht Gebrauch macht, mit rechtlicher Wirkung dem Käufer überhaupt nicht mehr auferlegt werden können. Denn, macht der Verkäufer von seinem Rücktrittsrecht Gebrauch, so treten die Bestimmungen des Gesetzes ohne weiteres in Kraft, und der Käufer ist nur zu den ihm durch das Gesetz auferlegten Leistungen verpflichtet. Wohl aber würden Vertragsstrafen zuungunsten des Käufers auch künftighin für den Fall verabredet werden können, daß der Verkäufer von seinem Rücktrittsrecht keinen Gebrauch macht (vgl. Motive zu § 4). In dem österreichischen Gesetze § 3 Abs. 2 ist die Vertragsstrafe für den Fall der Nichterfüllung seitens des Käufers überhaupt verboten.

[2] Die Herabsetzung einer Vertragsstrafe auf den angemessenen Betrag durch das richterliche Urteil war dem bisherigen Recht in dem weiten Umfange, wie er durch das Gesetz vom 16. Mai 1894 vorgesehen ist, fremd. Das Allgemeine Landrecht, welches in Übereinstimmung mit dem französischen Gesetzbuch in der Vertragsstrafe (Konventionalstrafe, clause pénale) den im voraus bestimmten Anschlag des Interesses sieht (ALR. I, 5 § 292; C. c. Art. 1226), verpflichtete zwar den Richter eine den doppelten Betrag des Interesses übersteigende Konventionalstrafe auf diesen doppelten Betrag zu ermäßigen (ALR. I, 5 § 701), und das französische Gesetzbuch gibt dem Richter für den Fall, daß der Schuldner seine Verpflichtungen zum Teil erfüllt hat, das Recht, die Strafen zu ermäßigen (C. c. Art. 1231); bei Handelsgeschäften aber konnte, wie Art. 284 des HGB. ausdrücklich anordnete, die Konventionalstrafe das Doppelte des Interesses übersteigen; sie unterliegt in Ansehung des Betrags keiner Beschränkung (freilich unbeschadet der Bestimmung des Art. 1231 des C. c. nach der Entsch. des fr. Reichs=Oberhandelsgerichts vom 26. Juni 1876, Bd. XX, S. 185). Jetzt bestimmt

§ 348 HGB., daß eine Vertragsstrafe, die von einem Kaufmann im Betriebe seines Handelsgewerbes versprochen ist, nicht auf Grund der Vorschriften des § 343 BGB. herabgesetzt werden kann. Der § 343 BGB. lautet:

Abs. 1. „Ist eine verwirkte Strafe unverhältnismäßig hoch, so kann sie auf Antrag des Schuldners durch Urteil auf den angemessenen Betrag herabgesetzt werden. Bei der Beurteilung der Angemessenheit ist jedes berechtigte Interesse des Gläubigers, nicht bloß das Vermögensinteresse, in Betracht zu ziehen. Nach der Entrichtung der Strafe ist die Herabsetzung ausgeschlossen." § 348 HGB. wird nun aber jetzt bei Handelsgeschäften, wenn sie sich als Abzahlungsgeschäfte im Sinne des Gesetzes vom 16. Mai 1894 darstellen, was nach wie vor der häufigste Fall sein wird, nur dann zur Anwendung kommen können, wenn der Empfänger der Ware als Kaufmann in das Handelsregister eingetragen ist (§ 8). Ist der Empfänger der Ware kein in das Handelsregister eingetragener Kaufmann, so wird nun, auch wenn im übrigen auf das geschlossene Abzahlungsgeschäft die Bestimmungen des Handelsgesetzbuchs über Handelsgeschäfte anzuwenden sind, die zwischen den Parteien vereinbarte Konventionalstrafe durch richterliches Urteil auf den dem Gericht angemessen scheinenden Betrag herabgesetzt werden können, falls das Gericht sie für „unverhältnismäßig hoch" erachtet. In bezug darauf, was als „unverhältnismäßig hoch" und „angemessen" bezüglich der verabredeten Strafe anzusehen ist, hat der Gesetzgeber dem Ermessen des Gerichts freien Spielraum gelassen. In dem zit. § 343 BGB. ist zwar nur das Interesse des Gläubigers hervorgehoben; selbstredend hat der Richter aber auch die wirtschaftliche Lage beider Teile, „den Grad des Unverschuldens auf seiten des Schuldners" und sonstige Momente zu berücksichtigen. — Die auf Herabsetzung der Vertragsstrafe gegebene Klage ist nicht die Feststellungsklage im Sinne des § 256 ZPO., da es sich hierbei nicht um das „Bestehen oder Nichtbestehen eines Rechtsverhältnisses" handelt, welches durch Richterspruch festgestellt werden soll. Übrigens wird in der überwiegenden Mehrzahl der Fälle der Schuldner nicht als Kläger, sondern als Beklagter in Betracht kommen und die Herabsetzung der Vertragsstrafe daher im Wege der Widerklage geltend zu machen haben. — Verwirkt ist eine Vertragsstrafe dann, wenn die Verpflichtung, deren Erfüllung durch die Androhung der Strafe erzwungen werden soll, vom Käufer nicht erfüllt wird. Voraussetzung ist deshalb, daß ein Verzug des Käufers vorliegt (§§ 339, 284, 285 BGB.); nur wenn die Verpflichtung in einem Unterlassen besteht, tritt die Verwirkung der Strafe zugleich mit der Zuwiderhandlung ein (§ 339 BGB.).

Die Vertragsstrafe braucht nicht in der Zahlung einer Geldsumme bestehen, es kann vielmehr auch eine andere Leistung als Vertragsstrafe versprochen sein. Auch für diesen Fall ist auf Antrag des Käufers dem Richter gestattet, wenn die Leistung in ihrem Umfange oder ihrem Gegenstande „unverhältnismäßig" ist, sie durch „Herabsetzung" nach beiden Richtungen hin zu beschränken und zu ermäßigen. (Schmitt Note 4 S. 65, 66.) — Eine Anwendung der über die Vertragsstrafe gegebenen Bestimmungen des BGB. ist insoweit ausgeschlossen, als diese dem Prinzipe des Gesetzes betr. die Abzahlungsgeschäfte widersprechen würden. Insbesondere kommt die Bestimmung, wonach dem Gläubiger neben der Strafe auch ein Anspruch auf Schadensersatz zusteht (§ 340 Abs. 2 BGB.), bei Abzahlungsgeschäften in Wegfall, da ja die dem Verkäufer zustehenden Entschädigungen durch § 2 festgesetzt sind.

[3] Die Herabsetzung einer entrichteten Vertragsstrafe ist zwar ausgeschlossen; es wird jedoch nicht als ausgeschlossen gelten können, daß das Gericht eine entrichtete Vertragsstrafe bei Festsetzung der dem Verkäufer

für die Überlassung des Gebrauchs oder der Benutzung der Sache zustehenden Vergütung zugunsten des Käufers berücksichtigt. Denn jene Vergütung stellt ein dem Verkäufer vom Käufer zu ersetzendes Interesse dar, bei dessen Bemessung das Gericht nach § 287 Abs. 1 der ZPO. unter Würdigung aller Umstände verfahren soll. (Hausmann Anm. 8 S. 91, 92. Schmitt Note 6, Lazarus S. 106.)

[4] Die Abrede, daß die Nichterfüllung der dem Käufer obliegenden Verpflichtungen die Fälligkeit der Restschuld zur Folge haben solle, steht, wie die Motive hervorheben, mit der Natur des Abzahlungsgeschäfts insofern in Widerspruch, „als der Verkäufer unter Entziehung der Kreditgewährung einen Preis fordert, der in dieser Höhe nur mit Rücksicht auf die Kreditierung normiert worden ist". Der Gesetzgeber hat daher diese Abrede zwar nicht vollständig verbieten wollen, jedoch bestimmt, daß sie nur für den von ihm normierten Fall getroffen werden darf.

[5] Die Teilzahlungen, mit deren Leistung der Schuldner im Verzug ist, müssen zwei aufeinanderfolgende Teilzahlungen sein. Leistet daher ein Schuldner, sobald er mit einer Teilzahlung (ganz oder teilweis) im Rückstand geblieben, die nachfolgende Teilzahlung, so tritt der Verfall der Restschuld nicht ein. Doch darf der Schuldner das Fälligwerden der Restschuld nicht etwa dadurch umgehen, daß er es niemals zum Ausbleiben zweier hintereinander folgender Teilzahlungen kommen läßt, indem er z. B. immer eine Rate um die andere zahlt. Allerdings kann der Schuldner die Art der Verrechnung bestimmen, wenn er dem Gläubiger aus mehreren Schuldverhältnissen zu gleichartigen Leistungen verpflichtet ist und das Geleistete zur Tilgung sämtlicher Schulden nicht ausreicht (§ 366 BGB.), es liegt aber, wie Lazarus mit Recht bemerkt (Lazarus S. 108), in der Natur des Abzahlungsgeschäfts, daß der Schuldner

die ältere Rate vor der jüngeren zu zahlen hat und der Gläubiger hiernach für berechtigt erachtet werden muß, eine Zahlung zurückzuweisen, wenn der Schuldner eine dem widersprechende Art der Verrechnung verlangt. — Leistet der Schuldner die Teilzahlung nicht vollständig, so ist zu bemerken, daß zu deren Annahme der Gläubiger an sich nicht verpflichtet ist (§ 266 BGB.); man wird ihm um so weniger das Recht verwehren können, die teilweise geleisteten Ratenzahlungen auf die älteren Rückstände anzurechnen. (Hausmann S. 93, Schmitt S. 69, Fuld S. 31.)

[6] In dem Entwurf war gesagt, daß der Betrag, mit dessen Zahlung der Käufer im Verzuge sei, mindestens dem zehnten Teil des Kaufpreises gleichkommen müsse. Auf Antrag des Abg. Enneccerus wurden vom Reichstag die Worte „der übergebenen Sache" hinzugefügt. Es geschah dies im Hinblick auf Fälle, wo die Ware, die den Gegenstand eines Kaufgeschäfts bildet, aus verschiedenen Teilen besteht, und die Teile vom Verkäufer dem Käufer nicht gleichzeitig, sondern nach und nach und zu einer den verabredeten Zahlungsterminen vorausliegenden Zeit geliefert werden, Fälle, auf welche eine beim Reichstag eingegangene Petition des Börsenvereins der deutschen Buchhändler aufmerksam gemacht hatte. Dort hieß es mit Bezug auf § 4 Abs. 2 des Gesetzentwurfs:

> Es erscheint uns zweifelhaft, ob der Kaufpreis des ganzen Vertragsgegenstandes oder der Kaufpreis der bereits gelieferten Teile desselben gemeint ist. Im ersteren Falle würde die Bestimmung zu einer Verminderung des Kredits der Unbemittelten führen. Denn der Verkäufer, der nicht die ganze Sache übergeben kann, wie z. B. der Buchhändler bei allmählich bandweise erscheinenden Werken, und der sich daher auch die Fälligkeit der Restschuld nur bis zur Höhe des Kaufpreises der bereits

gelieferten Teile der Sache ausbedingt, würde sich genötigt sehen, kürzere Fristen zu machen, um in nicht zu langer Zeit die Möglichkeit des Rücktritts vom Vertrage zu gewinnen.

Für Fälle der hier beschriebenen Art ist also infolge der Annahme des Antrags Enneccerus jeder Zweifel beseitigt. Unter den § 4 Abs. 2 fallen aber keineswegs Abreden bei einem Kaufvertrage, wonach ein gewisser Teil des Preises fällig werden soll, wenn ein diesem Preis entsprechender Teil der Ware geliefert worden ist. Die Gültigkeit einer solchen Verabredung kann weder davon abhängig sein, ob der Käufer mit mindestens zwei aufeinander folgenden Teilzahlungen, die bereits früher fällig wurden, ganz oder teilweise im Rückstande geblieben ist, noch davon, ob der Betrag, mit dessen Zahlung er im Rückstande ist, irgendeinem Teil des Kaufpreises gleichkommt. In Fällen der letzteren Art liegt eine Abrede über Fälligwerden einer Restschuld überhaupt nicht vor. (Hausmann Anm. 14 S. 94. Schmitt Note 12 S. 69. Gareis S. 18. 19.)

§ 5.

Hat der Verkäufer auf Grund des ihm vorbehaltenen Eigentums die verkaufte Sache wieder an sich genommen, so gilt dies als Ausübung des Rücktrittsrechts.

[1] Ein Verkauf mit dem Vorbehalt des Eigentums (pactum reservati dominii) — ein Vorbehalt, dem im Königreich Sachsen, Württemberg, Sachsen-Weimar, Oldenburg, Braunschweig, Anhalt und Bremen bei verkauften Sachen, die dem Käufer übergeben worden sind, die dingliche Wirksamkeit entzogen ist — ist in seinen rechtlichen Folgen von einem Verkauf, bei welchem sich der Verkäufer das Recht zum Rücktritt vom Vertrage für

den Fall, daß der Käufer seine Verpflichtungen nicht erfüllt, ausbedungen hat, durchaus verschieden. Hat sich der Verkäufer das Recht zum Rücktritt vorbehalten, so ist der Kauf unter einer Resolutivbedingung geschlossen (Kauf mit Kassationsklausel, emtio venditio sub lege commissoria). Das Eigentum an der verkauften und übergebenen Sache steht dem Käufer in der Zeit der schwebenden Resolutivbedingung bereits zu und fällt an den Verkäufer nur bei Eintritt der Resolutivbedingung zurück. Beim Kauf mit Eigentumsvorbehalt erlangt aber der Käufer an der ihm verkauften und übergebenen Sache erst dann das Eigentum, wenn er den ihm kreditierten Kaufpreis vollständig gezahlt hat. Bis dahin kann der Verkäufer die verkaufte Sache, deren Besitz er dem Käufer eingeräumt hat, als sein Eigentum zurückfordern (vindizieren), und der Käufer, der bis dahin über die Substanz der Sache verfügt, begeht eine Unterschlagung (RGE. in Strafsachen Bd. 2 S. 132). Ob freilich bei den im Gebiete des Allgemeinen Landrechts geschlossenen Kaufverträgen mit Eigentumsvorbehalt im einzelnen Falle von den Parteien ein Kauf mit kassatorischer Klausel (lex commissoria) oder ein Kauf mit wahrem Eigentumsvorbehalt (pactum reservati dominii) beabsichtigt worden ist, die Sache der Interpretation (Erk. des vormaligen Obertribunals vom 22. September 1869, Striethorst, Archiv Bd. 73, S. 254), da das Allgemeine Landrecht die mit der kassatorischen Klausel geschlossenen Kaufverträge als Kaufverträge mit Eigentumsvorbehalt bezeichnet. (ALR. I 11, § 261, § 262, § 266.) Liegt aber ein Kauf mit Eigentumsvorbehalt im eigentlichen Sinne vor, so kann auch im Gebiet des Allgem. Landrechts der Verkäufer sich nicht allein, wie bereits gesagt, bis zur vollständigen Zahlung seitens des Käufers in den Besitz der verkauften und dem Käufer übergebenen Sache setzen, sondern er kann auch, da die Zurücknahme der ihm eigentümlich gehörenden Sache den Kaufvertrag selbst unberührt läßt, die empfangenen Zahlungen behalten und auf Zahlung des rückständigen Kaufpreises klagen. Erst wenn er vollständige Zahlung des Kaufpreises erhalten hat, muß er die Sache, an der nun der Käufer das Eigentum erworben hat, diesem herausgeben. Das Gesetz vom 16. Mai 1894 bestimmt nun aber, daß bei dem mit Eigentumsvorbehalt geschehenen Verkauf einer dem Käufer übergebenen **beweglichen** Sache, deren Kaufpreis in Teilzahlungen berichtigt werden soll, es als Ausübung des Rücktrittsrechts gelten solle, wenn der Verkäufer auf Grund des ihm vorbehaltenen Eigentums die verkaufte Sache wieder an sich genommen hat. In den Fällen also, wo Kaufgeschäfte mit Eigentumsvorbehalt Abzahlungsgeschäfte im Sinne der §§ 1—6 des Gesetzes sind, darf der Verkäufer, sobald er einmal sein vorbehaltenes Eigentumsrecht geltend gemacht hat, jetzt nicht mehr die empfangenen Teilzahlungen zurückbehalten, noch viel weniger auf Leistung weiterer Teilzahlungen klagen; er hat vielmehr dann die erhaltenen Teilzahlungen vorbehaltlich dessen, was er auf Grund des § 2 des Gesetzes davon zurückbehalten darf, dem Käufer zurückzuzahlen. Die Motive bemerken, daß in denjenigen Gebieten, wo dem Eigentumsvorbehalt die dingliche Wirksamkeit entzogen ist, die Vorschrift des § 5 in entsprechender Weise zur Anwendung zu kommen habe, wie dies im § 6 vorgesehen sei, sowie, daß eine Zurücknahme der Sache im Sinne des § 5 überall da anzunehmen sei, wo der Verkäufer auf Grund des Eigentumsvorbehaltes die verkaufte Sache dem Käufer entzieht, sie z. B. zum öffentlichen Verkauf bringt.

[2] Der Wortlaut des Gesetzes faßt allerdings nur den Fall ins Auge, wo der Verkäufer die verkaufte Sache auf Grund des Eigentumsvorbehalts bereits wieder an sich genommen hat. Es ist aber anzunehmen, daß das Gesetz auch die Fälle, wo der Verkäufer die Zurückgabe

der Sache auf Grund des Eigentumsvorbehalts vom Käufer, der noch in ihrem Besitz ist, fordert, in entsprechender Weise behandelt wissen will, so daß demnach der im Besitz der Sache befindliche Käufer dem Verkäufer, der die Herausgabe der Sache auf Grund des Eigentumsvorbehalts fordert, sie nur gegen Empfang der dem Verkäufer auf Grund des Gesetzes vom 16. Mai 1894 obliegenden Leistungen zurückzugeben braucht. (§ 3 des Gesetzes.)

[3] Auch im Falle des Konkurses des Käufers hat der Verkäufer, der von seinem Rücktrittsrecht Gebrauch macht, nicht das Recht, die Aussonderung der auf Abzahlung verkauften Sache zu fordern, ohne dem Käufer die auf den Kaufpreis bereits geleisteten Beträge zurückzugewähren; § 5 dieses Gesetzes findet vielmehr auch hier analoge Anwendung (Urteil des OLG. Marienwerder vom 4. November 1902 Seufferts Archiv 3. Bd. 1903 S. 173).

§ 6.

Die Vorschriften der §§ 1 bis 5 finden auf Verträge, welche darauf abzielen, die Zwecke eines Abzahlungsgeschäfts[1] (§ 1) in einer anderen Rechtsform, insbesondere durch mietweise Überlassung der Sache[2] zu erreichen, entsprechende Anwendung, gleichviel ob dem Empfänger der Sache ein Recht[3], später deren Eigentum zu erwerben, eingeräumt ist oder nicht.

[1] Mit den Zwecken des Abzahlungsgeschäfts, von denen das Gesetz spricht, sind, wie die Motive ergeben, die wirtschaftlichen Zwecke gemeint, welche durch Kaufverträge auf Abzahlung (§ 1 des Gesetzes) verfolgt werden. Verträge also, die in irgendeiner Rechtsform

darauf abzielen, jene wirtschaftlichen Zwecke zu erreichen, fallen unter die Vorschriften des Gesetzes vom 16. Mai 1894. Ob nun im einzelnen Fall ein Geschäft als Abzahlungsgeschäft im Sinne des Gesetzes anzusehen ist, wird jedesmal Sache der richterlichen Entscheidung sein. Da jedoch die wirtschaftlichen Zwecke des Abzahlungsgeschäfts sich wohl dahin charakterisieren lassen, daß Abzahlungsgeschäfte den Erwerb einer Mobilie zu Eigentum und zugleich die Überlassung der Mobilie zum Gebrauch oder zur Benutzung des Erwerbers auch schon für die Zeit bezwecken, wo der Erwerbspreis für die Mobilie noch nicht vollständig gezahlt ist, so werden als Abzahlungsgeschäfte im Sinne des Gesetzes nicht gelten können:

1. Verträge, bei denen ein Eigentumswechsel einer Mobilie von den Parteien überhaupt nicht beabsichtigt ist. Jedoch ist das Nichtvorhandensein eines Abzahlungsgeschäfts nicht schon deshalb anzunehmen, weil die Absicht des Eigentumswechsels im Vertrage nicht zum Ausdruck gebracht ist; am allerwenigsten braucht dem Empfänger der Sache ein Recht, später deren Eigentum zu erwerben, eingeräumt zu sein. Es genügt, daß der Eigentumswechsel als in der Absicht der Parteien gelegen vom Richter angenommen werden kann. (Vgl. Motive zu § 6.)
2. Verträge, in deren Verfolg die Mobilien, die den Gegenstand des Vertrages bilden, demjenigen, der Zahlungen aus dem Vertrag zu leisten hat oder für dessen Rechnung Zahlungen zu leisten sind, nicht schon für die Zeit, wo die bedungenen Zahlungen noch nicht vollständig geleistet sind, zum Gebrauch oder zur Benutzung überlassen worden sind.
3. Verträge, bei welchen dem Veräußerer der Mobilie kein Recht ausbedungen worden ist, den Gebrauch oder die Benutzung der Mobilie, die dem andern Teil überlassen wird, diesem auf irgendeine Art

entweder selbst oder durch eine Mittelsperson wieder zu entziehen.

[2] Die mietweise Überlassung der Sache (Viehleihe, Möbelleihvertrag usw.) ist für die Verträge, welche in einer anderen Rechtsform als dem Kauf die wirtschaftlichen Zwecke eines Abzahlungsgeschäfts zu erreichen suchen, und auf die deshalb §§ 1 bis 5 des Gesetzes entsprechende Anwendung zu finden haben, als bezeichnendes und in der Praxis am häufigsten anzutreffendes Beispiel vom Gesetzgeber gewählt worden (vgl. die im Anhang II mitgeteilten Formulare für Möbelleihverträge). Die juristische Natur des Möbelleihvertrags erörtete zuerst E. v. Brünneck (1866) in Gruchots Beiträgen zur Erläuterung des preußischen Rechts (Bd. X S. 339), dessen Ansicht sich Hausmann „Die Veräußerung beweglicher Sachen gegen Ratenzahlung" Berlin 1891 angeschlossen hat. Nach Brünneck und Hausmann ist der Möbelleihvertrag ein Mietsvertrag, der sich unter einer Bedingung in einen Kauf umwandeln soll, welche sich für letzteren als eine Suspensivbedingung, für den Mietsvertrag dagegen als eine Resolutivbedingung darstellt und mit ihrer Existenz den Übergang des Eigentums der Möbel auf den Mieter im Wege der brevi manu traditio bewirkt. Hiermit im wesentlichen übereinstimmend, lehrt Dernburg (Lehrbuch des Preußischen Privatrechts II S. 406, 3. Aufl.) unter Verweisung auf die von Gaius, Inst. III § 146 mitgeteilte Vertragskombination von Kauf und Miete, daß der Möbelleihvertrag zunächst Miete sei, die sich auflöse, wenn das Geschäft in Kauf übergehe, und daß das Geschäft, weil dessen Übergang in Kauf von vornherein in der Absicht der Parteien liege, in Beziehung auf die Haftung des Veräußerers für Mängel der Sache auch schon zur Zeit, wo es noch Miete sei, nach den Regeln des Kaufs beurteilt werden müsse. Auch Eck-Leonhard will für die Zeit der schwebenden Bedingungen des

Kaufs die Regeln der Miete, bei dem wahren Eigentumsvorbehalt aber das Recht des Kaufes angewendet wissen (Bd. I S. 445). Ebenso von den Neueren Meinerts S. 97; George S. 24; Liebert S. 16 ff. Dagegen sehen Eccius (Förster-Eccius, Preuß. Privatrecht, 7. Aufl. II S. 82) sowie Staub „Klage und Einrede im Interventionsprozesse" (Juristische Wochenschrift, 1888, S. 301 ff., Lazarus S. 60 ff.) in dem Möbelleihvertrag lediglich einen Kaufvertrag. Diese Ansicht wird auch von der Mehrzahl geteilt (Boldt S. 36; Heilbrun S. 95; Lieske S. 60, 65; Voigt S. 56; Samoje S. 3 ff.; Schmidt S. 27 ff.); C. Höhne aber („Der sogenannte Leihvertrag" [1885] und „Theorie des sogenannten Leihvertrags" [1886]) hielt ihn für ein bloßes pactum de vendendo. Der Ansicht aber, daß der Möbelleihvertrag kein aus Miete und Kauf gemischter Vertrag, sondern ein bloßer Kaufvertrag sei, steht nunmehr auch der Umstand entgegen, daß das Gesetz vom 16. Mai 1894 den Kauf auf Abzahlung von den Abzahlungsgeschäften, die in einer andern Rechtsform geschlossen sind, unterscheidet und als Beispiel für letztere die mietweise Überlassung der Sache anführt. Sache des Richters ist es, den wahren Willen der Parteien zu erforschen; auf den Namen, den die Parteien dem Vertrag geben, kommt es nicht an. So kann es wohl vorkommen, daß die im Vertrage verabredeten Mietsraten so unverhältnismäßig hoch sind, daß hieraus zu schließen sein kann, die wahre Absicht der Parteien war nicht auf einen Mietsvertrag, sondern auf einen Kaufvertrag gerichtet.

Die Konsequenzen der einen oder anderen Auffassung sind nicht ohne Bedeutung. Solange ein Mietsverhältnis zwischen den Parteien besteht, hat der Vermieter die Gefahr zu tragen und die Sache in einem brauchbaren Stand zu erhalten, während bei einem Kauf unter der aufschiebenden Bedingung des Eigentumsvorbehalts die Gefahr mit der Übergabe auf den Käufer übergeht. In der Regel werden freilich diese gesetzlichen Bestimmungen vertraglich, und zwar gewöhnlich zugunsten des Abzahlungshändlers, geändert werden, wie die Erfahrung lehrt.

Über die juristische Natur des Möbelleihvertrages hat sich das Reichsgericht in den Entscheidungen Bd. 63 S. 346 und 64 S. 92 nicht ausgelassen; die in Strafsachen erlassenen Entscheidungen Bd. 30 S. 165; 37 S. 288; 39 S. 262 befassen sich nur mit § 7 des Gesetzes.

[3] Während es für den Begriff des Abzahlungsgeschäfts nicht wesentlich ist, ob dem Empfänger der Sache ein Recht, später deren Eigentum zu erwerben, eingeräumt ist, wird daran festzuhalten sein, daß umgekehrt auf seiten des Veräußerers ein Recht, dem Empfänger den Gebrauch oder die Benutzung der Sache auf irgendeine Weise zu entziehen, zustehen muß, falls auf das Geschäft die Grundsätze des Gesetzes vom 16. Mai 1894 Anwendung finden sollen.

[4] In neuerer Zeit hat die Frage vielfach Erörterung gefunden, in welcher Weise sich eine Zwangsvollstreckung in die auf Abzahlung entnommenen Möbel bewirken läßt. Besondere Beachtung verdienen die scharfsinnigen Ausführungen von Flatau; er geht davon aus, daß der nach § 455 BGB. zu beurteilende Vertrag sofort die Verpflichtung des Verkäufers zur Übergabe der Sache und Verschaffung — nicht des Eigentums, wohl aber — der Anwartschaft auf das Eigentum erzeugt, und daß diese Verpflichtung nicht suspendiert, sondern nur modifiziert ist (Flatau: Die Zwangsvollstreckung in Leihmöbel S. 40). Dies Anwartschaftsrecht erachtet er auf Grund der §§ 844, 846, 857 ZPO. für den Vollstreckungsgläubiger für pfändbar.

Flechtheim (Rhein. Archiv Bd. 104 S. 275) führt aus, daß bei rückständigen Leistungen des Abzahlungskäufers der Vollstreckungsgläubiger diesen zum Eigentümer der auf Abzahlung entnommenen Sachen machen könne, indem er selbst die Leistung des Schuldners dem Abzahlungshändler gegenüber vornimmt, wozu er nach § 267 BGB. berechtigt ist. Wenn der Abzahlungshändler mit dem Schuldner unter einer Decke stecken sollte, so würde der erstere die Leistung durch den Vollstreckungsgläubiger doch nicht ablehnen können, weil der Schuldner nach geschehener Pfändung zu dem in § 267 Abs. 2 BGB. angeführten Widerspruchsrecht für nicht mehr berechtigt zu halten sei (S. 280 a. a. O.). Die vom Gläubiger hierfür aufgewendeten Kosten würden als Kosten der Zwangsvollstreckung anzusehen sein, da sie notwendig waren, um einen Verkauf der gepfändeten Gegenstände zu ermöglichen. Wenn auch das Pfandrecht an der eigenen Sache des Gläubigers ausgeschlossen sei, so sei anzunehmen, daß dieser auf sein Eigentum zugunsten seines Pfandrechts verzichtet habe und durch diesen Verzicht der Schuldner Eigentümer werde unter analoger Anwendung des § 1255 BGB. (S. 285 a. a. O.).

Fromherz in der Zeitschrift für deutschen Zivilprozeß erachtet den Anspruch des Schuldners auf Verschaffung des Eigentums an den auf Abzahlung entnommenen Sachen für pfändbar (Bd. 38 S. 49 ff.). Ebenso Samoje S. 33 ff., 55 der dem Abzahlungshändler nicht das in § 771 ZPO. gedachte Widerspruchsrecht geben, ihn vielmehr analog dem Pfandgläubiger behandelt wissen möchte, der sich nicht im Besitze der Sache befindet und dem ein Recht auf vorzugsweise Befriedigung aus dem Versteigerungserlöse eingeräumt ist (§ 805 ZPO.). Auch Liebert und in Übereinstimmung der Beschluß des Kgl. Kammergerichts in den Blättern für Rechtspflege 1904 S. 38.

Der von Flechtheim vorgeschlagene Weg erscheint jedenfalls dann für den Vollstreckungsgläubiger kostspielig, wenn der Schuldner erst einige Raten bezahlt hat, sodaß er erhebliche Aufwendungen machen müßte, um zu seinem Ziele zu gelangen. — Die Pfändung des Anspruchs des Schuldners auf Verschaffung des Eigentums ist auch nach diesseitiger Ansicht durchaus zulässig.

§ 7.

Wer Lotterielose, Inhaberpapiere mit Prämien[1] (Gesetz vom 8. Juni 1871, Reichs-Gesetzbl. S. 210) oder Bezugs- oder Anteilscheine[2] auf solche Lose oder Inhaberpapiere gegen Teilzahlungen verkauft[3] oder durch sonstige auf die gleichen Zwecke abzielende Verträge[4] veräußert, wird mit Geldstrafe bis zu fünfhundert Mark bestraft[5].

Es begründet keinen Unterschied, ob die Übergabe des Papiers vor oder nach der Zahlung des Preises erfolgt[6].

[1] Nach § 1 des Gesetzes, betreffend die Inhaberpapiere mit Prämien, vom 8. Juni 1871 (RGBl. Nr. 25 S. 210) sind Inhaberpapiere mit Prämien:

> „auf den Inhaber lautende Schuldverschreibungen, in welchen allen Gläubigern oder einem Teile derselben außer der Zahlung der vorgeschriebenen Geldsumme eine Prämie dergestalt zugesichert wird, daß durch Auslosung oder durch eine andere auf den Zufall gestellte Art der Ermittelung die zu prämiierenden Schuldverschreibungen und die Höhe der ihnen zufallenden Prämien bestimmt werden sollen".

[2] Der Verkauf von solchen Anteilscheinen an Lotterielosen, welche kein Miteigentum am Originallose, sondern nur persönliche Ansprüche des Käufers an den Verkäufer begründen, ist auch nach § 286 des Strafgesetzbuchs strafbar (RGE. in Strafsachen Bd. 4 S. 80).

[3] Da im § 7 nicht die Nichtigkeit des verbotswidrig abgeschlossenen Geschäfts ausgesprochen ist, so ist es lediglich Interpretationsfrage, welche zivilrechtlichen Folgen sich an das verbotswidrig abgeschlossene Geschäft knüpfen (Dernburg, Lehrbuch des Preuß. Privatrechts. 4. Aufl. Bd. I S. 174 Note 1). Nun trifft aber die im § 7 angedrohte Strafe nur den Verkäufer, nicht den Käufer. Letzterer macht sich also dadurch, daß er Papiere der bezeichneten Art mit der Nebenabrede, den Kaufpreis in Teilzahlungen berichtigen zu wollen, kauft, einer verbotenen Handlung keineswegs schuldig; er wird daher auch aus dem abgeschlossenen Geschäft für sich Rechte und somit auch Verbindlichkeiten des Verkäufers, z. B. auf Auszahlung eines auf das Papier (Los) gefallenen Gewinns geltend machen dürfen (vgl. Urteil des Reichsgerichts vom 17. Mai 1887 RGE. Bd. 18, S. 219). Der Verkäufer aber wird aus dem Geschäft keine Rechte ableiten können, da einer etwaigen Geltendmachung seiner Forderung die Bestimmung der §§ 135, 853 BGB. (§ 35 Tl. I Tit. 3 ALR. Code civil Art. 1133 L. 5 Codex de legibus I 14) entgegenstehen wird.

[4] Unter den Verträgen, welche als „auf die gleichen Zwecke abzielende Verträge" hier bezeichnet sind, werden alle Verträge verstanden werden müssen, die einen von den Parteien beabsichtigten Abzahlungsverkauf von Papieren der bezeichneten Art verschleiern sollen.

[5] Da die angedrohte Geldstrafe in ihrem Höchstbetrage einhundertundfünfzig Mark übersteigt, so liegt beim Zuwiderhandeln gegen § 7 ein Vergehen des Verkäufers (Veräußerers) vor (§ 1 Abs. 2 des Strafgesetzbuchs). Die nicht beizutreibende Geldstrafe kann in Haft oder Gefängnis umgewandelt werden (§ 28 des Strafgesetzbuchs). Zuständig sind die Schöffengerichte (§ 27 Nr. 2 des Gerichtsverfassungsgesetzes). Doch kann auch auf Antrag der Staatsanwaltschaft ohne vorgängige

Verhandlung die Festsetzung der Strafe durch amtsrichterlichen Strafbefehl erfolgen bis zur Höhe von 150 M (§ 447 StPO.).

[6] Ist die Übergabe des Papiers erfolgt, so liegen allerdings, wenn der Verkäufer sich ein Rücktrittsrecht für den Fall vorbehalten hat, daß der Käufer seine Verpflichtungen nicht erfüllt, die juristischen Merkmale eines Abzahlungsgeschäfts im Sinne der §§ 1—6 des Gesetzes scheinbar vor, und in den Motiven zu § 6 ist daher gesagt, daß die Strafbestimmung des § 7 auch gelten müsse, „wenn die Übergabe des Papiers nicht erfolgt ist, also ein Abzahlungsgeschäft im Sinne des § 1 nicht vorliegt". Von der in Note 3 vertretenen Auffassung aus, wonach dem Verkäufer aus dem ihm verbotenen Geschäft überhaupt keine Rechte erwachsen, mithin auch ihm ein etwa vorbehaltenes Rücktrittsrecht nicht zusteht, wird man aber sagen müssen, daß ein Kaufgeschäft über Papiere der im § 7 bezeichneten Art, bei welchen Teilzahlungen verabredet sind, auch in dem Falle, wo die Übergabe des Papiers beim Abschluß des Geschäfts erfolgt ist, nicht als ein Abzahlungsgeschäft im Sinne der §§ 1—6 des Gesetzes gelten kann. Jedenfalls sind die Vorschriften der genannten Paragraphen auf Verträge, die durch § 7 getroffen werden, durchaus unanwendbar. Beim Verkauf von Inhaberpapieren aber, die nicht den im § 7 bezeichneten Arten angehören, wird ein Abzahlungsgeschäft im Sinne der §§ 1—6 sehr wohl vorliegen können (vgl. Note 3 zu § 1). Darüber, daß die Bestimmungen des § 7 keine Anwendung finden, wenn der Empfänger des Lotterieloses, des Inhaberpapiers mit Prämie, oder der Bezugs= oder Anteilscheine auf solche Lose oder Inhaberpapiere als Kaufmann in das Handelsregister eingetragen ist, vgl. Note 1 zu § 8.

§ 8.

Die Bestimmungen dieses Gesetzes finden keine Anwendung[1], wenn der Empfänger der Ware[2] als Kaufmann in das Handelsregister eingetragen ist.

[1] Da das Gesetz im § 8 zwischen den Bestimmungen der §§ 1—6 und der Strafbestimmung des § 7 nicht unterscheidet, so wird auch die Strafbestimmung des § 7 nicht Anwendung finden können, wenn der Empfänger des Papiers ein in das Handelsregister eingetragener Kaufmann ist. Wer also Papiere der im § 7 bezeichneten Art an einen in das Handelsregister eingetragenen Kaufmann gegen Teilzahlungen veräußert, bleibt straflos, und das von ihm mit dem Kaufmann abgeschlossene Geschäft ist vollständig rechtsgültig. Die Motive zu § 8 sagen:

„Die Einschränkungen, die der Entwurf in seinen vorhergehenden Bestimmungen trifft, sind nur auf denjenigen Teil des Publikums berechnet, der eines gesetzlichen Schutzes gegen nachteilige Vertragsabschlüsse bedarf. Mit Rücksicht hierauf und im Interesse der Verkehrsfreiheit im Großhandel rechtfertigt es sich, jene Bestimmungen keine Anwendung finden zu lassen auf Geschäfte, die ein in das Handelsregister eingetragener Kaufmann als Käufer oder in den Fällen des § 6 in entsprechender Eigenschaft abschließt."

[2] Kaufmann ist nach § 1 HGB., wer ein Handelsgewerbe betreibt. Das Gesetz vom 16. Mai 1894 hat aber die Nichtanwendbarkeit seiner Bestimmungen nicht davon abhängig gemacht, daß der Empfänger der Ware Kaufmannseigenschaft hat, sondern davon, daß der Empfänger der Ware als Kaufmann in das Handelsregister eingetragen ist. Die entgegengesetzte Ansicht von Gareis S. 7, 8, daß die Eintragungsfähigkeit des Kaufmanns genügen soll, findet in dem Wortlaut des

§ 8 und den Motiven keine Stütze. (Lazarus §§ 32, 33 S. 32, Fuld Anm. 3 zu § 8 S. 45, Schmitt Note 5 zu § 8 S. 82, Hausmann Anm. 1 zu § 8 S. 104.)

§ 9.

Verträge, welche vor dem Inkrafttreten dieses Gesetzes[1] abgeschlossen worden sind, unterliegen den Vorschriften desselben nicht.

[1] Das Gesetz vom 16. Mai 1894 ist mit dem 4. Juni 1894 in Gemäßheit des Art. 2 der Reichsverfassung in Kraft getreten, da die Nr. 23 des Reichs-Gesetzblattes, durch die es publiziert worden ist, am 21. Mai 1894 zu Berlin ausgegeben wurde. Die vor dem 4. Juni 1894 abgeschlossenen Abzahlungsgeschäfte im Sinne der §§ 1—6 des Gesetzes, sowie die vor diesem Termin getätigten Verkäufe von Papieren der im § 7 bezeichneten Art gegen Teilzahlung unterliegen also nicht seinen Vorschriften. Übrigens hätte man dem Gesetz, ohne gegen Fundamentalsätze geltenden Rechts (ALR. Einl. §§ 14—17, Art. 2 des Code civil, L. 7 Cod. de legibus [I, 14] § 2 Abs. 1 des Strafgesetzbuchs) zu verstoßen, niemals rückwirkende Kraft beilegen können, auch wenn § 9 dies nicht ausdrücklich verboten hätte.

Anhang I.

Gesetzentwurf vom 23. Dezember 1892. (Erster Entwurf.)	Fassung des Entwurfs nach den Beschlüssen der IX. Kommission.
§ 1.	§ 1.
Hat bei dem Verkauf einer dem Käufer übergebenen beweglichen Sache, deren Kaufpreis in Teilzahlungen berichtigt werden soll, der Verkäufer sich das Recht vorbehalten, wegen Nichterfüllung der dem Käufer obliegenden Verpflichtungen von dem Vertrage zurückzutreten, so ist im Falle dieses Rücktritts der Käufer *berechtigt, gegen Rückgabe* der empfangenen Sache die Zurückgewährung der ihm geleisteten Teilzahlungen *zu fordern*. Eine entgegenstehende Vereinbarung ist nichtig.	Hat bei dem Verkauf einer dem Käufer übergebenen beweglichen Sache, deren . . . . im Falle dieses Rücktritts **jeder Teil verpflichtet, dem andern Teil die empfangenen Leistungen zurückzugewähren.** Eine entgegenstehende . . . . nichtig.
Dem Vorbehalt des Rücktritts steht es gleich, wenn	Dem Vorbehalt . . . .

der Verkäufer wegen Nichterfüllung der dem Käufer obliegenden Verpflichtungen kraft Gesetzes die Auflösung des Vertrages verlangen kann.	. . . . kann.
§ 2.	§ 2.
Der Verkäufer kann im Falle des § 1 außer dem Ersatz für solche Beschädigungen der Sache, welche durch einen vom Käufer zu vertretenden Umstand verursacht sind, nur eine angemessene Vergütung für die dem Käufer überlassene Nutzung der Sache verlangen. Eine entgegenstehende Vereinbarung, sowie die vor Ausübung des Rücktrittsrechts erfolgte vertragsmäßige Festsetzung der Höhe der Vergütung ist nichtig.	**Der Käufer hat im Falle des Rücktritts dem Verkäufer für die infolge des Vertrages gemachten Aufwendungen, sowie für solche Beschädigungen der Sache Ersatz zu leisten, welche durch ein Verschulden des Käufers oder durch einen sonstigen, von ihm** zu vertretenden Umstand verursacht sind. Für die Überlassung des Gebrauchs **oder der Benutzung** der Sache ist deren Wert zu vergüten. Eine entgegenstehende Vereinbarung, **insbesondere** die vor Ausübung des Rücktrittsrechts erfolgte Festsetzung einer **höheren** Vergütung ist nichtig.
. . . .	
Auf die Festsetzung der Höhe der Vergütung finden die Vorschriften des § 287 Abs. 1 der Zivilprozeßordnung entsprechende Anwendung.	Auf die . . . . Anwendung.

§ 2a.

Die nach den Bestimmungen der §§ 1 und 2 Absatz 1 und 2 begründeten gegenseitigen Verpflichtungen sind Zug um Zug zu erfüllen.

§ 3.

Eine wegen Nichterfüllung der dem Käufer obliegenden Verpflichtungen verwirkte Vertragsstrafe kann, wenn sie unverhältnismäßig hoch ist, auf Antrag des Käufers durch Urteil auf den angemessenen Betrag herabgesetzt werden. Die Herabsetzung einer entrichteten Strafe ist ausgeschlossen.

Die Abrede, daß die Nichterfüllung der dem Käufer obliegenden Verpflichtungen die Fälligkeit der Restschuld zur Folge haben solle, kann rechtsgültig nur für den Fall getroffen werden, daß der Käufer mit mindestens zwei aufeinander folgenden Teilzahlungen ganz oder teilweise im Verzuge ist und der Betrag, mit dessen Zahlung er im Verzuge ist, mindestens dem zehnten Teile des Kaufpreises gleichkommt.

§ 3.

Unverändert.

§ 4.	§ 4.
Hat der Verkäufer auf Grund des ihm vorbehaltenen Eigentums die verkaufte Sache wieder an sich genommen, so gilt dies als Ausübung des Rücktrittsrechts *im Sinne des* § 1.	Hat der Verkäufer . . . . so gilt dies als Ausübung des Rücktrittsrechts.
§ 5.	§ 5.
Auf Geschäfte, welche darauf abzielen, die Zwecke eines Abzahlungsgeschäfts (§ 1) in einer anderen Rechtsform, insbesondere durch mietweise Ueberlassung der Sache zu erreichen, *finden die Bestimmungen dieses Gesetzes* entsprechende Anwendung, gleichviel, ob dem Empfänger der Sache ein Recht, später deren Eigentum zu erwerben, eingeräumt ist oder nicht.	**Die Vorschriften der §§ 1—4 finden auf Verträge,** welche darauf . . . . zu erreichen, entsprechende Anwendung, gleichviel, ob . . . . oder nicht.
	§ 5a.
. . . .	**Wer Lotterielose, Inhaberpapiere mit Prämien (Gesetz vom 8. Juni 1871, RGBl. 1871 S. 210) oder Bezugs- oder Anteilscheine auf solche Lose oder Inhaberpapiere gegen Teilzahlungen verkauft oder durch sonstige auf die**

	gleichen Zwecke abzielenden Verträge veräußert, wird mit Geldstrafe bis zu fünfhundert Mark bestraft. **Es begründet keinen Unterschied, ob die Übergabe des Papiers vor oder nach der Zahlung des Preises erfolgte.**
§ 6.	§ 6.
Die Bestimmungen dieses Gesetzes finden keine Anwendung, wenn der Empfänger der *Sache* als Kaufmann in das Handelsregister eingetragen ist.	Die Bestimmungen . . . . wenn der Empfänger der **Ware** als Kaufmann in das Handelsregister eingetragen ist.
§ 7.	§ 7.
Verträge, welche vor dem Inkrafttreten dieses Gesetzes abgeschlossen worden sind, unterliegen den Vorschriften desselben nicht.	Unverändert.

Anhang II.

Formulare für Abzahlungsgeschäfte, wie sie vor dem Inkrafttreten des Gesetzes vom 16. Mai 1894 gebraucht wurden[1].

A. Bedingte Kaufverträge.

1.

Zwischen de...
wohnhaft ....
als Verkäufer und de..
wohnhaft...als Käufer
ist heut nachstehender Vertrag verabredet und geschlossen worden.

§ 1. D..................................... verkauft hierdurch an d.. nachstehend verzeichnete Gegenstände, nämlich:

---

[1] Die Formulare sind dem Werk von W. Hausmann: Die Veräußerung beweglicher Sachen gegen Ratenzahlung. Berlin 1891, entnommen.

Laufende Nr.	Preis M.	Pf.
1.		
2.		
3.		

und zwar zu den dabei festgesetzten, zwischen beiden Teilen verabredeten Preisen, im Gesamtbetrage von .... Mark .... Pf.

§ 2. Käufer verpflichtet sich, dies Kaufgeld in der Art abzutragen, daß er (sie) heute .... Mark .... Pf., den Rest des Kaufgeldes aber in Raten von monatlich (wöchentlich) .... Mark .... Pf., vom .... ten .... an gerechnet, an Verkäufer zahlt.

§ 3. Die Übergabe der verkauften Sachen hat zwar seitens de Verkäufer an de Käufer bereits stattgefunden, und erkennt Käufer an, solche in gutem und brauchbarem Zustande übergeben erhalten zu haben, das Eigentum an den verkauften Sachen geht aber erst dann auf d Käufer über, wenn er (sie) den im § 1 festgesetzten Kaufpreis für dieselben durch Leistung der im § 2 festgesetzten Zahlungen pünktlich abgetragen hat. Bis dahin bleibt das Eigentum der verkauften Sachen[1] de Verkäufer, und darf Käufer dieselben zwar ihrer Art nach in gemeingewöhnlichen Gebrauch

[1] Hatte also der Käufer fünf Gegenstände gekauft und vielleicht schon Ratenzahlungen, die den Kaufpreis von vier verkauften Gegenständen deckten, bezahlt, blieb dann aber mit den späteren Zahlungen im Rückstand, so konnte der Verkäufer *sämtliche Sachen* wieder an sich nehmen.

nehmen, aber in keiner anderen Art darüber verfügen, dieselben auch ohne Genehmigung de Verkäufer nach keinem anderen Wohnorte mitnehmen. Einen etwaigen Wohnungswechsel muß Käufer de Verkäufer innerhalb acht Tagen anzeigen, de letzteren auch sofort davon Nachricht geben, wenn die Sachen etwa auf Antrag Dritter im Wege der Exekution oder sonst mit Beschlag belegt werden.

§ 4. Leistet Käufer die im § 2 festgesetzten Zahlungen nicht pünktlich oder nicht vollständig, oder erfüllt d selbe irgendeine der ih im § 3 auferlegten Verpflichtungen nicht, so ist d Verkäufer berechtigt, nicht nur die von d Käufer bereits geleisteten Zahlungen zu behalten und als Entschädigung dafür zu verrechnen, daß d Käufer bis dahin der Besitz und Gebrauch der verkauften Sachen eingeräumt war, sondern es steht ih auch das Recht zu, die bis zum Tage der Rückgewähr der Sachen etwa noch rückständigen Zahlungen nachzufordern und in gleicher Weise als Entschädigung zu behalten.

§ 5. Käufer entsagt dem Einwande der Verletzung über die Hälfte, sowie allen sonstigen ihm gegen diesen Vertrag etwa zustehenden Einwendungen.

§ 6. Dieser Vertrag, dessen Stempel und Kosten vom .... getragen werden, ist für jeden der beiden Kontrahenten einmal ausgefertigt und sind beide Exemplare von denselben selbst gelesen, genehmigt und eigenhändig unterschrieben.

................................, den 190

(Unterschrift d Verkäufer .) (Unterschrift d Käufer .)

2.

Ich bestätige hierdurch, folgende Gegenstände von der Handlung ....
zu dem beigefügten Werte heute empfangen zu haben ....

1. .... Mark .... Pf.
2. .... „ .... „
3. .... „ .... „

und verpflichte mich, außer der heut erfolgten Anzahlung von .... Mark .... Pf. ....
wöchentlich .... monatlich ....
an die Handlung .... zu zahlen.
Die Handlung .... behält sich das alleinige Eigentumsrecht an den vorbezeichneten Gegenständen bis zur vollständigen Bezahlung des gesamten Betrages der .... Mark .... Pf. vor.

Falls auch nur eine Zahlung nicht geleistet wird, ist die Handlung .... berechtigt, sämtliche Gegenstände sofort zurückzunehmen. Auf die bis dahin geleisteten Abzahlungen, welche als Äquivalent für den Gebrauch und die Abnutzung der Handlung .... verbleiben sollen, verzichte ich hiermit ausdrücklich.

Berlin, den ....ten ....

Name:

Wohnung:

B. Mietsverträge.

1. Leihkontrakt.

Zwischen den Unterzeichneten ist heute nachstehender Vertrag abgeschlossen worden:

§ 1. Es vermietet der Möbelhändler......................
wohnhaft ....
an de ....
wohnhaft ....
die in § 6 näher bezeichneten Gegenstände, im Gesamtwerte von ....Mark..................Pf.

§ 2. Mieter, welcher anerkennt, daß ihm sämtliche Sachen neu und in gutem Zustande, sowie dem oben angegebenen Werte angemessen, übergeben sind, verpflichtet sich, dieselben in gutem Zustande zurückzuliefern und für jeden Schaden, welcher während der Mietszeit an diesen entsteht, zu haften, auch die Transportkosten hin und zurück allein zu tragen. Geht durch die Schuld des Mieters das eine oder andere Stück der vermieteten Gegenstände dem Vermieter verloren, so erstattet Mieter den vollen Wert eines solchen, wie im § 7 angegeben ist. Werden durch Exekution dem Mieter die vermieteten Gegenstände abgepfändet, so verpflichtet er sich, dem Vermieter sofort Anzeige zu machen und alle durch einen nötigenfalls anzustellenden Interventionsprozeß entstehenden gerichtlichen und außergerichtlichen Kosten zu tragen resp. zu erstatten. Nichtbefolgung dieser Vorschrift zieht die sofortige Auflösung des Vertrages in Gemäßheit des § 3 nach sich.

§ 3. Mieter verpflichtet sich, für den Mietsgebrauch heute .... Mark .... Pf., sowie am 1. jedes Monats (wöchentlich) .... Mark .... Pf. pränumerando zu zahlen und räumt dem Vermieter das Recht ein, wenn die Miete nicht pünktlich gezahlt worden ist, sämtliche vermieteten Gegenstände sofort ohne vorhergegangene Kündigung und gerichtliche Klage zurückzunehmen. Zu diesem Behufe wird dem Vermieter vom Mieter hiermit die Befugnis ausdrücklich zugestanden, zu jeder Tageszeit mit so vielen seiner Leute, als er zum Transport der Sachen bedarf, in der Wohnung des Mieters zu erscheinen und sich dort so lange aufhalten zu dürfen, als die Übernahme und Verladung der vermieteten Gegenstände erforderlich macht. Mieter erklärt hiermit ausdrücklich, in diesem Verfahren des Vermieters eine Verletzung seines Hausrechts oder irgendeine andere strafbare Handlung nicht erkennen zu wollen. Außerdem muß Mieter die etwa rückständige Miete bis zu dem Tage der Zurücknahme der Gegenstände sofort bezahlen.

§ 4. Sämtliche Sachen sind mit den eingebrannten oder aufgestempelten Worten .... bezeichnet, und darf Mieter, bei Strafe des Betrugs, keines dieser Stücke veräußern, verpfänden oder ohne schriftliche Einwilligung des Vermieters aus seiner Wohnung entfernen; er hat überhaupt jeden Wohnungswechsel acht Tage vorher dem Vermieter anzuzeigen und dessen Genehmigung einzuholen. Auch darf Mieter ohne Genehmigung des Vermieters die ihm vermieteten Gegen=

stände nicht länger als einen Monat an eine andere Person vermieten.

§ 5. Die Dauer dieses Leihkontraktes ist auf so lange Zeit verabredet worden, bis die nach § 1 wirklich geleisteten Mietszahlungen zusammen den Wertbetrag von .... Mark .... Pf. erreicht haben. Wenn nun diese Mietszahlungen regelmäßig und vollständig erfolgt sind, **verpflichtet sich der Vermieter, die bis dahin vermieteten Gegenstände dem Mieter auch käuflich zu überlassen und die gezahlte Miete mit[1] als Kaufgeld anzurechnen.**

§ 6. Beide Teile erkennen ausdrücklich an, daß dieser Kontrakt in allen Punkten so abgeschlossen ist, wie beabsichtigt und verabredet worden, und haben demnach die Kontrahenten zum Zeichen der vollsten Genehmigung ihn durch eigenhändige Unterschrift vollzogen.

Berlin, den .... ten 19

Vermieter:

Mieter gelesen:

§ 7. Wert der Stücke.

				Mark	Pf.
	1				
	2				
	3				
	4				

[1] Das Wort „mit" ist hier sehr bezeichnend.

2. Mietsvertrag.

Zwischen dem Nähmaschinenfabrikanten ....
und dem ....
wohnhaft, ist heute nachstehender Vertrag geschlossen worden.

§ 1. Es vermietet der Nähmaschinenfabrikant .... an den ....
eine .... im Werte von
....

§ 2. Mieter verpflichtet sich, für die mietsweise Benutzung der gedachten Nähmaschine heute für den ersten Monat .... Mark, sowie am .... ten jeden folgenden Monats .... Mark pränumerando zu zahlen. Sollte Mieter mit einer der Mietszahlungen im Rückstande verbleiben, so ist Vermieter berechtigt, die qu. Maschine sofort ohne weitere Kündigung zurückzunehmen. Zu diesem Behufe wird dem Vermieter vom Mieter hiermit ausdrücklich die Befugnis zugestanden, zu jeder Tageszeit mit so viel Leuten, als er zum Transport der Maschine bedarf, in der Wohnung des Mieters zu erscheinen und dort so lange sich aufhalten zu dürfen, als es die Übernahme der Maschine erforderlich macht. Auch muß Mieter die etwa rückständige Miete bis zu dem Tage der Zurücknahme der Maschine sofort bezahlen.

§ 3. Mieter, welcher anerkennt, daß ihm die Maschine neu und in brauchbarem Zustande, sowie dem oben angegebenen Werte angemessen übergeben ist, verpflichtet sich, dieselbe in gutem Zustande zurückzuliefern und für jeden Schaden, welcher während der Mietszeit an derselben entsteht, zu haften, auch die Transportkosten, hin und zurück, zu tragen. Wird durch Exekution dem Mieter die Maschine abgepfändet, so ist er verpflichtet, dem Vermieter hiervon sofort Anzeige zu machen und alle durch einen etwa anzustellenden Interventionsprozeß entstehenden gerichtlichen und außergerichtlichen Kosten zu tragen, resp. zu erstatten. Die Nichtbefolgung dieser Bestimmung hat zur Folge, daß der Vermieter berechtigt ist, die Maschine sofort zurückzunehmen. Sollte dieselbe alsdann nicht mehr vorhanden sein, so ist Mieter verpflichtet, den Wert derselben, wie er im § 1 angegeben ist, nach Abrechnung der bereits geleisteten Mietszahlungen, dem Vermieter zu erstatten. Letzteres geschieht auch für den Fall, daß die Maschine dem Mieter auf irgendeine Art verloren geht.

§ 4. Mieter darf bei Vermeidung der gesetzlichen Strafen die vorerwähnte Maschine nicht veräußern, verpfänden oder ohne schriftliche Einwilligung des Vermieters aus seiner Wohnung entfernen. Auch hat er jeden Wohnungswechsel acht Tage vorher dem Vermieter anzuzeigen, widrigenfalls der Vermieter berechtigt ist, die Maschine sofort zurückzunehmen.

§ 5. Sobald die im § 2 bestimmten Mietszahlungen den Betrag von .... Mark erreicht haben, verbleibt die Maschine dem Mieter als sein Eigentum.

Berlin, den ten 19

Vermieter:

Mieter gelesen:

---

3. Mietsvertrag.

Eigentum des Vereins
Berliner Möbelhändler.

Zwischen den Unterzeichneten ist heute nachstehender Mietsvertrag verabredet und abgeschlossen worden:

§ 1. Es vermietet de Möbelhändler ....
wohnhaft zu Berlin..
an d ....
wohnhaft zu ....
die nachstehend aufgeführten Gegenstände im Werte der daneben aufgeworfenen Summen:

	Mark	Pf.

§ 2. Mieter erkennt an, das ihm die vermieteten Gegenstände in gutem Zustande übergeben sind und daß sie den im § 1 angegebenen Wert haben, verpflichtet sich, für jeden zufälligen Schaden, welchen die Sachen während der Dauer des Vertrages erleiden, zu haften

und aufzukommen und übernimmt die Kosten des Hin- und Rücktransportes und den Stempel für beide Vertragsexemplare, hat auch die Verwendung und Kassierung der Stempelmarken zu betreiben und haftet für den aus der Unterlassung dem Vermieter entstehenden Schaden.

§ 3. Mieter verpflichtet sich, als Mietszins für den Zeitraum von heute ab bis zum ....ten .... 189 .... heute im voraus die Summe von .... Mark, ferner am .... Mark und demnächst am ....ten Tage jedes folgenden Quartals (Monats, Woche) .... Mark im Geschäftslokale des Vermieters während der Geschäftsstunden zwischen 8 Uhr morgens und 8 Uhr abends zu zahlen.

§ 4. Die Dauer dieses Mietsverhältnisses ist auf so lange festgesetzt, bis die tatsächlich geleisteten Mietszahlungen den Gesamtwert der im § 1 ausgeworfenen Wertssummen erreicht haben. Ist dieser Fall eingetreten, so hat der Mieter das Recht erlangt, die bis dahin nur gemieteten Sachen als sein Eigentum zu behalten, sodaß dann dieser Vertrag in einen, den §§ 258 und 259 Teil I Tit. 11 des Allg. Landrechts entsprechenden Kaufvertrag übergeht.

Bevor die Mietszahlungen die aus § 1 ersichtliche Gesamtsumme erreicht haben, kann Mieter auch nicht einmal an einzelnen Mietssachen Eigentum erwerben[1];

[1] Diese Bestimmung hat freilich für einen verschuldeten Mieter auch den Vorteil, daß ihm andre Gläubiger die Möbel nicht entziehen können, bevor die letzte Mietszahlung entrichtet ist.

er würde sich daher durch Verpfändung oder Veräußerung derselben strafbar machen.

§ 5. Mieter verpflichtet sich, von einem etwaigen Wohnungswechsel dem Vermieter sofort Anzeige zu machen und in dem Falle, wenn Mietssachen gepfändet oder einbehalten werden, oder sonst abhanden kommen, hiervon den Vermieter sofort zu benachrichtigen und ihn durch Beschaffung des erforderlichen Materials in den Stand zu setzen, mit Erfolg intervenieren zu können. Jeden aus der Unterlassung oder aus der Verzögerung dieser Anzeigen entstehenden Schaden, Kostenaufwand und Verlust hat der Mieter zu tragen und zu ersetzen, welcher überhaupt alle zur Beseitigung von Pfändungen und Retentionsansprüchen und zur Wiederherbeischaffung der Mietssachen aufgewendeten gerichtlichen und außergerichtlichen Kosten zu tragen und zu erstatten hat. Außerdem verpflichtet sich Mieter, die geliehenen Möbel sofort nach Empfang gegen Feuersgefahr zu versichern, resp. haftet Mieter bei Nichtbefolgung bei etwaigem Feuerschaden für den vorstehend angegebenen Wert. Dem Vermieter steht das Recht zu, die als Mietszins angenommenen Zahlungen des Mieters auch noch nachträglich zunächst auf solche Schäden und Kosten zu verrechnen.

Sind die Mietssachen in den Besitz eines Dritten gelangt, so ist der Vermieter berechtigt und legitimiert, allein ohne Mitwirkung des Mieters die Herausgabe zu verlangen.

§ 6. Wird eine Mietsrate nicht pünktlich, d. h. spätestens am .... Tage nach der Fälligkeit, voll gezahlt, so ist der Vermieter berechtigt, sämtliche Mietssachen ohne Kündigung zurückzunehmen, unbeschadet seines Rechtes, die Nachzahlung des rückständigen Mietszinses zu verlangen. Dem Vermieter ist gestattet, zum Zwecke der Fortnahme der Sachen mit dem erforderlichen Hilfspersonal die Wohnung des Mieters zu betreten und sich darin aufzuhalten.

Ist Mieter aus irgendwelchen Gründen nicht mehr in der Lage, die einzelnen Mietssachen zurückgeben zu können, so hat er für jeden fehlenden Gegenstand ohne Rücksicht auf ein Verschulden die im § 1 dafür ausgeworfene Wertsumme zu ersetzen.

Eine Rückforderung und Rückzahlung der geleisteten Mietsraten findet in keinem Falle statt.

Die auf Grund des § 2 heute gezahlte Summe darf vom Mieter auf rückständige Mietsraten nicht verrechnet werden.

§ 7. Für alle aus diesem Vertrage und Vertragsverhältnisse sich ergebenden Rechtsstreitigkeiten, insbesondere für alle Klagen auf Zahlung des Mietszinses und auf Rückgabe der Mietssachen wird ohne Rücksicht auf die Höhe und den Wert des Streitgegenstandes das Königl. Amtsgericht I in Berlin als zuständiges Gericht vereinbart und als solches von beiden Teilen anerkannt.

Berlin, den ....ten 19

Vermieter:

Als Zeuge: Mieter:

Die Quittungen werden, ohne daß es besonders bemerkt wird, bei nicht pünktlichen Zahlungen stets mit Vorbehalt der Rechte ausgestellt und ist auf Grund vorstehenden Kontraktes an Miete bezahlt worden:

Datum		Für die Zeit	In Buchstaben	Mark	Pf.	Unterschrift.

---

4. Leihvertrag.

Zwischen der Handlung ....
als Vermieter und dem Herrn ....
als Mieter wird heute nachstehender Vertrag geschlossen.

Es vermietet die Handlung ....
an den Herrn ....
wohnhaft .... die umstehend bezeichneten Gegenstände im Gesamtwerte von Mark ...., in Worten: ....

Mieter erkennt an, daß ihm sämtliche umstehende Gegenstände in gutem Zustande übergeben worden sind, und verpflichtet sich, falls durch Zwangsvollstreckung die umstehend bezeichneten Gegenstände gepfändet werden, dem Vermieter sofort davon Anzeige zu machen, auch die Kosten des etwaigen Interventionsprozesses zu tragen.

Mieter verpflichtet sich, für den Mietsgebrauch heute .... Mark .... Pf. sowie am .... ten jeden folgenden Monats .... Mark .... Pf. pränumerando zu zahlen. Vermieter haben das Recht, bei nicht pünktlicher Zahlung die Gegenstände sofort zurückzunehmen. Zu diesem Zwecke wird den Vermietern .... hiermit ausdrücklich die Erlaubnis erteilt, zu jeder Tageszeit mit so vielen ihrer Leute, als zum Transport der Sachen notwendig sind, in die Wohnung des Mieters einzutreten und dort so lange zu verweilen, als es die Rücknahme und Verladung der gemieteten Gegenstände erfordert.

Ohne ausdrückliche Erlaubnis der Vermieter dürfen die vermieteten Gegenstände nicht weiter veräußert oder auch nur aus der Wohnung des Mieters entfernt werden.

Die Dauer dieses Kontraktes ist auf so lange verabredet, bis die Mietszahlungen den Betrag von .... Mark .... Pf. erreicht haben.

Wenn die Mietszahlungen bis zu dieser Höhe vollständig geleistet sind, verpflichten sich die Vermieter, die vermieteten Gegenstände dem Mieter zum Eigentum zu überlassen und die gezahlte Miete als Kaufgeld zu rechnen.

Beide Teile haben diesen Kontrakt gelesen, genehmigt und eigenhändig unterschrieben.

Berlin, den .... ten 19

Vermieter:

Mieter:

Sachregister.

(Die römischen Zahlen bezeichnen die Paragraphen des Gesetzes, die arabischen die Noten.)

A.

B.

C.

D.

FSC
www.fsc.org
MIX
Papier | Fördert
gute Waldnutzung
FSC® C083411

Kolibri 360 GmbH
Ferdinand-Jühlke-Straße 7
99095 Erfurt, Deutschland
produktsicherheit@kolibri360.de